教育評価研究の「回顧と展望」

TANAKA Koji
田中耕治
［著］

日本標準

まえがき

　本書は，筆者の京都大学の定年退職に際して行った最終講義の内容（と講義資料）を中心に構成したものである。さらには，最終講義の内容を補うために，筆者にとってのエポックメイキングとなり，また現在にあっては入手困難な拙稿を掲載した。

　1970年代半ばごろからスタートし今日に至るまで，教育方法学における教育評価の位置を明確にするために，牛歩のごとき研究活動を続けてきた。最近では，教育諸学会においても，教育評価の重要性が認識されてきている。その意味で，本書は一学徒の研究史であるとともに，ひとつの時代の証言としてお読みいただければ幸いである。

　最終講義の直後から，講義内容の公刊をお勧めいただいた日本標準会長の山田雅彦氏とともに，編集の労をとっていただいた郷田栄樹氏に，この場を借りてあらためて御礼申し上げたい。

　2017年6月

佛教大学教育学部教授
京都大学名誉教授
田 中 耕 治

目　次

まえがき　3

第Ⅰ部　京都大学最終講義
―わたしは，どのようにして，「真正の評価」論の地平に，出てきたか―

最終講義を始めるにあたって　8

第1講　はじめに ……………………………………………………………… 9

第2講　「到達度評価」との出会い ………………………………………… 15

第3講　「真正の評価」論への三つの契機【1】
　　　　戦後「指導要録」研究から ……………………………………… 21

第4講　「真正の評価」論への三つの契機【2】
　　　　「素朴概念」研究から ……………………………………………… 27

第5講　「真正の評価」論への三つの契機【3】
　　　　「アメリカにおける教育評価論」の研究から …………………… 35
　　　　―「真正の評価」論に逢着―

【参考資料】最終講義レジュメ　47

第Ⅱ部　最終講義への道程

第1章　「学び」をとらえる形成的評価の試み ……………………………… 58
　　　　―「素朴概念」に着目した授業づくり
　　　　　（小学校4年生理科『電気や光のはたらき』）に即して―

　　　はじめに　58

　　　1．教育評価構造の転換　58
　　　　　（1）形成的評価論の意義　（2）形成的評価論の今日的課題

2．「素朴概念」に着目した授業設計　61
　　　　(1)「学び」のモデル化と「素朴概念」　(2) 概念転換の可能性
　　3．「表現」を基礎にした形成的評価の試み　65

第2章　OBEの現状と課題　―アメリカにおける学力保障論の展開―……68
　はじめに　68
　　1．OBEの歴史的背景と成立根拠　69
　　　　(1) OBEの理論的淵源　(2) OBEの成立
　　2．「成果」とカリキュラムの問題　75
　　　　(1)「成果」の意味とその発展形態　(2)「成果」をめぐる論争
　　3．授業実践と評価方法の問題　81
　　　　(1) マスタリー・ラーニングの機能的理解
　　　　(2) 学習観の展開―「フロー経験」への着目―
　　　　(3) 評価方法の開発
　おわりに　87

第3章　オーセンティックアセスメントとはどのような評価方法か……91
　はじめに　91
　　1．「標準テスト」批判の論点　91
　　　　(1)「標準テスト」への批判　(2)「標準テスト」批判の系譜
　　2．「オーセンティック」の検討　94
　　　　(1)「オーセンティック」の意味
　　　　(2)「オーセンティック」の留意点
　　3．「アセスメント」としての評価　96
　　　　(1)「エバリュエーション」と「アセスメント」
　　　　(2)「アセスメント」の特徴

主な著作一覧　101

第Ⅰ部

京都大学最終講義

―わたしは，どのようにして，
「真正の評価」論の地平に，出てきたか―

最終講義を始めるにあたって

はい,これから京都大学における最終の講義を始めます。

本日は,年度末のご多用のところ,また遠方よりお集まりいただきまして,ありがとうございます。とりわけ,台湾から張瓊云さんと中国から項純さんが来てくれました。本当にありがとうございます。

ここ5年間ほどお会いしていない方には,おそらくわたしの車いす姿を見られて,驚かれているのではないかと思います。このことを話せば長くなりますので,詳しいことは,この最終講義の後で開催されます懇親会で申し上げたいと思っております。

さて,本日の最終講義のテーマは,「**教育評価研究の回顧と展望―わたしは,どのようにして,「真正の評価」論の地平に,出てきたか―**」というものです。基本的には,お手元に配られています講演資料(47~55ページ)の順番でお話しします。なお,時間が限られていますので,ポイントを押さえつつ,ややはしょった話になるものと思いますので,話の内容に興味をもっていただきましたならば,資料5(46ページ)に,拙稿を挙げておきましたので,後で詳しくご覧いただければありがたく思います。

第1講　はじめに

　それでは，レジュメの「1　はじめに」からいきます。まず，わたしが研究生活を始めて以来，およそ40年近くになります。その中で，これだけは確かにわたしの功績であるというのがあります。そのことは，西岡加名恵先生に作成いただいた「功績調書」(実は「名誉教授」の称号をいただけるかどうかを決める重要な文書であります) の中に，「**田中先生の最大の功績は，教育学の立場からの教育評価論を構築されたこと**」とあります。より限定して申しますと，「**教育方法学の立場**から，教育評価論を構築したこと」にあると思います。

　このことを示します客観的な出来事のひとつとして，わたしたちが属しております日本教育方法学会が節々において編集しています記念の書籍をみると明らかです。残念ですが，1996年発刊の方法学会が編集しました『**戦後50年，いま学校を問い直す**』(明治図書，1996年) という書籍には，「教育評価」という項目はありません。しかし，方法学会の総意を結集しました，2009年発刊の『**日本の授業研究**』(学文社，2009年) になって，ようやく「教育評価」の項目が登場してきます。これ以降，学会が編集します書籍には，必ず「教育評価」の項目が立てられ，わたしや西岡先生を含む京大学派の面々が選ばれ，執筆を担当することになっております。このような事態は，教育方法学会にとどまらず，各種の教科教育学会においても (わたしが参加しました国語，音楽，体育に関する学会等ですが)，同じく「教育評価」の重要性が自覚され，書籍や学会発表においても，「教育評価」に関する特集が組まれるようになっております。もちろん，このような変化は田中一人で引き起こしたものであると豪語できませんが，わたしが1980年代頃から，教育

方法学者として，細々と始めました教育評価研究の頃を思い出しますと，このような事態は隔世の感があります。

さて，それでは，なぜわたしが教育評価の研究に入ったのかを，最初に個人的な事情からお話しします。まず何よりも，わたしの，敬愛する恩師であります**稲葉宏雄**先生（1931-2006）の影響があります。振り返ってみますと，わたしが大学院の1年生のときに，稲葉先生はアメリカに留学されます。たしか，そのときのテーマは「グットラットのカリキュラム研究」であったと記憶していますが，帰国後はブルーム（Bloom, B. S.）学派の研究にシフトされ，もっぱら講読演習ではブルーム学派に関する書籍を取り上げられました。おそらく，そのことが機縁となり，稲葉先生の京都大学の同級生でおられました京都府立鴨沂高校の大西匡哉先生を通じまして，後に詳しくお話しします京都で開始されていた「到達度評価」研究に接近され，最終的には稲葉先生はそのオピニオンリーダーになられます。

当時のわたしは，稲葉先生の影響もあり，日本の学習指導要領に多大な影響を与えておりましたアメリカのカリキュラム研究に取り組んでおりましたが，それも哲学的認識論のレベルからアプローチするということで，「子どものいない教育方法学」になっているという自覚の下に，やや苦戦しておりました。そのような折に，教育学部の助手に抜擢していただき，京都の教育現場の先生方と親しくなれるということで，そのときは恩師であるとともに上司であります稲葉先生と「到達度評価」の研究会に参加させていただきました。現在でもそうですが，このような研究会に行きますと，若手の研究者が参加してくれたということで大歓迎され，それこそ，いつの間にか東京と京都で開催します「到達度評価」の実践交流会の大会実行委員長（1983年）を仰せつかることになります（さらに，この交流会の成功を機に，全国到達度評価研究会が発足し，1984年に京都大学で創立大会が開催されることになります）。

このように**内在的必然性**があったわけでなく，以上のような経緯で教育評

価研究に入っていくことになります。当時取り組みました研究としては，まだ邦訳が出ておりませんでしたブルームの主著 *Human Characteristics and School Learning*（1976 年発刊。この本はブルームの授業論の到達点を示すもので，マスタリーラーニングの原典として日本でも紹介された，1968 年にブルームが発表した"Learning for Mastery"――この論文の根拠になっているキャロルモデルを乗り越えようとするものです）と *All Our Children Learning*（1980 年発刊。これはブルームの論文集であり，ブルームがアメリカにおける学力格差問題に対して，授業改革だけでなく，子どもたちの初期環境を含めて家族が行う教育のあり方を示唆しています）の「**解説と紹介**」[1]を行いました。また，*All Our Children Learning* に所収されていましたブルームのアイスナー批判―NSSE 年報で発表―を参考にして（この論文は日本ではあまり話題になりませんでしたが），いわゆる「ブルーム―アイスナー問題」を京大の紀要に執筆いたしました[2]。この後者の紀要論文は，アイスナー研究をされている研究者に今でも引用されることが多く，このことからアイスナー研究はそれほどに進んでいないことがわかります（実は，助手時代に初めて「科研」を獲得しましたが，そのテーマはアイスナー研究でありました）。

　以上，やや偶然的な要素が重なりまして，教育評価研究に入っていくのですが，後年になって研究が進んでいきますと，この教育評価研究は実は京都大学教育学部と深い関係があることがわかってきます。そのひとつは，1952 年に東北大学から 1949 年創設の京都大学教育学部の教育心理学講座に着任された**正木正先生**（1905-1959）の存在です。正木先生のお名前は，当時 B コースと申しておりました教育指導講座を担当されておられました高瀬常男先生（1926-1978）と田中昌人先生（1932-2005）の恩師として，とりわけ正木先生は教育実践との結合を重視された心理学者だったとして，いつも崇拝のお言葉とともに，お聞きしておりましたので，存じ上げておりました（大泉溥編纂『日本心理学者事典』クレス出版，2003 年参照）。

　正木先生に関する先行研究としては，レジュメにあります渡辺貴裕君のも

のと毛利猛先生のものがあります。この両方の論文を読んでいただきますと，正木先生がどのようなスタンスから教育評価研究に取り組まれたのかがよくわかります（渡辺貴裕「教師の主体性を重視する教育評価論――正木正の場合」田中耕治編著『人物で綴る戦後教育評価の歴史』三学出版，2007年所載。毛利猛「正木正の教育的人間学」皇紀夫・矢野智司編『日本の教育人間学』玉川大学出版部，1999年所載）。

　戦後初期にアメリカから移入されました，1930年代にタイラー（Tyler, R. W.）によって創発された「エヴァリュエーション（evaluation）」概念と戦前来の日本特有の「考査」概念と，大正期に同じくアメリカから移入された「メジメント（測定）」概念とが錯綜していました敗戦直後の時期[3]に，正木先生は教育実践と結合する「エヴァリュエーション」としての「教育評価」のあり方を的確に理解されて，1952年の論文で，以下のように述べられています。「今日周知の如く教育過程において評価（evaluation）が重要視されて来ている。これは評価という問題が教育過程に新しく付加され，関心されて来たということではない。むしろ，評価は教育過程に融合されている部分であって，従来問題的にも，方法的にも無意識であったものが，新しく自覚されて来たということである。教育活動の自己発展として評価の問題が分節化し，強調されて来たというべきであろう」（正木正「価値と評価」岩波講座『教育』第3巻，岩波書店，1952年所載，p.245）と述べられています。つまり，教育活動と評価活動は相即不離な関係－相互浸透する関係－であることを看破されています。このことは，最近，評価活動は教育活動の単なる手段であるという主張に真っ向から反論するものであります。

　ここで，「評価」に関する誤解を解くために，少し概念や用語の整理をしてみたいと思います。英語では，「評価」にあたる用語が多様にあり，そのことを整理するのに役立ちます。test, measurement, rating（評定），audit（「検定」より強く「監査」），appraisal（appraiseが語源「褒めること」――このあたりは日本語の事情とよく似ていますね），evaluation（タイラーの

提起），assessment（1980年ころからアメリカで意識的に使用＝assistを語源としてますから，子どもに寄り添うという意味合い，または一般的には評価の方法または「査定」），educative assessment（assessmentをより限定するためにウィギンズさんが本の題名として使用）と多様にあり，これらを十把一絡げにして，「評価」問題が語られますと，「評価は近代的な管理の道具だ」「評価は教育活動の手段にしかすぎない」などという言説が流布されることになります。

さて，戦後初期に導入された「エヴァリュエーション」としての「教育評価」のあり方を大変わかりやすく規定していますのは，当時の文部省が編集しました1951年出版の『**初等教育の原理**』（当時の教職教育のための教科書として編集）であります。そこには，「①評価は，児童の生活全体を問題にし，その発展をはかろうとするものである。②評価は，教育の結果ばかりでなく，その過程を重視するものである。③評価は，教師の行う評価ばかりでなく児童の自己評価をも大事なものとして取り上げる。④評価は，その結果をいっそう適切な教材の選択や，学習指導法の改善に利用し役だてるためにも行われる。⑤評価は，学習活動を有効ならしめる上に欠くべからざるものである」（文部省『初等教育の原理』東洋館出版社，1951年，pp. 217-219，下線筆者）と，今日からみても見事に規定されています。調べてみますと，この章をお書きになった筆者は伊藤忠二という方であり，この方がどのようにしてこのような的確な理解に到達されたのかは大変興味深いことであります。

さて，教育評価研究と京都大学教育学部との関係ですが，もうひとり忘れてはならない先生がおられます。その先生は教育学部二期生（ちなみに先の稲葉先生，田中先生ともに二期生であります）の**中内敏夫先生**（1930-2016）です。中内先生が30歳のときに執筆された岩波講座『現代教育学』第2巻に所載されている「教育評価」という論文は，教育学における教育評価の意義を学術的に措定した画期的なものであります。中内先生から直接にお聞きした話によりますと，この「教育評価」という論文を書いたことによって「中

内君は心理学専攻ですか」とよく言われて困ったということです。当時の教育評価研究をめぐる研究状況をよくしめしているエピソードですね（ここで，正木先生と中内先生との関係に関するエピソードがありますが，本日はふれません）。

その論文も所収されている1971年に国土社から発刊された中内敏夫『学力と評価の理論』は戦後の教育評価研究の金字塔と言ってよいでしょう。

第2講 「到達度評価」との出会い

　それでは，次に稲葉先生の影響によりまして参加することになりました「到達度評価」の話に移ります。実は，この「到達度評価」という用語は，1975年2月に京都府教育委員会が公刊しました**『到達度評価への改善を進めるために―研究討議のための資料―』**いわゆる「長帳」の中で初めて登場したものです。そこでは，「到達度評価は，すべての子どもの学力を，それぞれの学年，教科の目標に到達させることを基本とする教育指導における評価なので，すべての子どもの以後の発達にとって，必要で，十分な教育を整えていくことに努める教育指導の全体に役立つものとしなければなりません」(p.5，下線筆者)と述べられています。この「すべての子ども」というフレーズが2回登場していることが特徴的です。

　このように「到達度評価」の原点を確認しましたのは，実は当時，「到達度評価」概念の外延が広く，そのために「到達度評価」をめぐる議論や批判が錯綜していたからであります。ちなみに，当時，レジュメに書いておりますような書籍が出版され，ロバートF. メイジャやW. J. ポファムなどに基づく行動目標論や教育課程の目標管理論や岸本裕史さんたちの落ち研の3R's学力保障論（これは，後に「陰山メソッド」として復活しますが），ブルーム学派のものなど，それぞれに「到達度評価」と部分的に重複する内容が含まれておりました（森川久雄『行動目標の設定と評価』明治図書，1972年／文部省『カリキュラム開発の課題』1975年～「羅生門的アプローチ」／岸本裕史『どの子も伸びる』部落問題研究所出版部，1977年～「百ます計算」／伊藤和衛『教育課程の目標管理』明治図書，1978年／梶田叡一『到達度評価の理論と教育革新』明治図書，1979年／稲葉宏雄『学力問題と到達度評価』上下，あゆみ出版，1984

年など)。わたし自身は，それらの書物から学ぶことが多かったのですが，とりわけ次の2冊に着目いたしました。

そのひとつは，正木先生の後継者（東北大学時代の同僚）であり，後に名古屋大学に赴任された**續有恒**先生（1914-1972）が執筆された『教育評価』（第一法規，1969年）と續先生の遺稿集である『教育心理学の探求』（金子書房，1973年）です。續先生は，その中で，教育課程における履修原理として，「履修主義」と「修得主義」を区別されておられます。この区別は進級原理にあたります「年数主義social promotion」と「課程主義merit promotion」と部分的には重複しておりますので注意が必要です。とりわけ，續先生が提起された「修得主義」は「設定された教育目標をすべての子どもたちが到達することを求めるもの」であり，「機会の平等」でなく，「結果の平等」を強調したものであり，「到達度評価」と親和的であることから，当時の「到達度評価」論を主張する人々からは好意的に受け取られました。ただし，續先生の「教育評価」の規定は，「評価は，目標追求―評価―調整という単位での，目標追求活動における部分活動であって，追求活動の実績と目標との関係をチェックし，調整活動のために，フィードバック情報を提供するものであること」（續有恒『教育評価』第一法規，1969年，p.27）とあるように，先の文部省編集の『初等教育の原理』と比較しますと，「プロセス」と「自己評価」が欠落した行動主義の強い影響を受けたものであることを指摘しておきたいと思います。

「到達度評価」に関するもうひとつの貴重な書籍は，**橋本重治**先生（1908-1992）が執筆された『到達度評価の研究』（図書文化，1981年）です。橋本先生は，のちに述べます公的な戦後教育評価論を支えた重鎮であり，その先生が，『到達度評価の研究』という書籍を出版されたこと自体が大きな驚きでした。この本の中で，橋本先生は評価行為の「信頼性」や「客観性」を確保するために，いわゆる「規準（のりじゅん）」と「基準（もとじゅん）」を区別すべきであることを強調されておられました。この論点が重視されるようになるのは，指導要録に

「目標準拠評価」が全面的に採用されるようになる 2001 年以降からであり，きわめて先見的な指摘であったと考えます。

　さて，それでは，そもそも「到達度評価」の本質または内包とは何かということですが，わたしは今日では，「**相対評価**（その典型である，5 段階相対評価　5：7%，4：24%，3：38%，2：24%，1：7%）**システムに抵抗，批判する「目標準拠評価」の特殊日本的な歴史的形態**」であると考えます。「到達度評価」は「目標に準拠した評価」であると申しますと，おそらく強固な「到達度評価」論者からは，批判が生まれそうです。しかし，教育評価論の視点からは，やはりまぎれもなく「目標に準拠した評価」だと思います。ただし，この「目標に準拠した評価」は，戦後日本におよそ半世紀にわたって長く定着しました「相対評価」のシステムを批判し，抵抗する中で鍛えられたという側面をもつことから学習権保障を軸とする「特殊日本的な形態」と言えると思います。

　先ほど，京都府教育委員会が「到達度評価」という用語を初めて使い始めたと申しましたが，その歴史的背景を探りますと二つの出来事が浮かび上がります。そのひとつは，1969 年に起こりました，いわゆる「**通信簿事件**（鹿児島に住むお父さんが「相対評価」の矛盾をテレビ局に訴えた事件）」です。もうひとつは，1976 年に日本標準が主催しました到達目標研究委員会（坂元忠芳，中内敏夫，村越邦男，川合章等で構成）の設立です。そこでの基調は，生存権にあたる学習権の保障（つまり，すべての子どもたちは学ぶ権利がある。わからなければ，わかるように教えてもらう権利があるということ）を重視する考え方つまり学力保障論であったと思います。

　この学力保障という点を最もクリアに示しているのは，**中内敏夫先生**が書かれた「**教育の目標・評価論の課題**」（『**教育**』1977 年 7 月）であり，後に『**中内敏夫著作集　新・教育原論**』**第Ⅰ巻**（中内三部作「学力と評価の理論」「教材と教具の理論」「指導過程と学習形態の理論」の合作，藤原書店，1998 年）の「**第 1 章　結び目の課題**」として所収されるものです。わたしは，この

論文を繰り返し読み，自分の教育評価研究の位置と進歩を確かめる里程標とみなしてきました。ちなみに，この中内先生の「到達度評価」論を最も典型的に教育実践として体現したのは，玉田泰太郎さん（1927-2002）であろうと考えています[4]。レジュメでは，中内先生が提起された「到達度評価」論の特質を次のように3点にまとめています。

①評価規準としての「到達目標」の明確化——何を（「内容」）どのように獲得しなくてはならないのか（「行動」または「能力」の様態——この点は中内先生自身が1988年の論文で加筆修正されています）を実体的に明示すること。たとえば，「なぜかけ算を教えなくてはならないのか（目的）」「<u>かけ算</u>（内容）が<u>わかる</u>（能力を示すこと，概念的理解と手続き的理解などの関係など）とはどのようなことか（目標）」「どの学年でどの程度教えるのか（編成）」，この課題は，教育課程評価から教育課程の創造（民主編成）に向かうということです。

②到達目標の共有化——すなわち，一部の子のみでなくすべての子どもたちの学力保障をすることですね。

③評価機能の分化を行う。この点は，ブルームの影響を受けまして，授業開始前に実施する「**診断的評価**」，授業中に実施する「**形成的評価（回復学習の取り組み）**」，授業後に実施する「**総括的評価**」が提起されます（この三つの評価の機能や意義につきましては，皆さまよくご存知のことと思いますので，ここではこれ以上の説明はいたしません）。

わたしは，やや不思議なことですが，今日の時点からみて当時における「到達度評価」とは実は**評価論研究**が中心ではなく，もっぱら**教育目標（とりわけ教材・教具論を内包する教育内容）研究**が課題であったと言えるのではないかと考えています。もちろん，ここに心理学的評価論ではなく，教育学的評価論の真骨頂（つまり信頼性とともに内容的妥当性を重視すること）があったと思いますが，必ずしも評価論研究がそれ自体（カリキュラム適合性と信頼性，実行可能性や結果妥当性—波及効果などを追究）として強く意識さ

れていたと言えないのではないかと思います。

　この「到達度評価」論の中心は教育目標研究が中心であったことを示します例として，たとえば，1984年に日本標準から到達度評価シリーズ10巻本[5]が出されます（わたしは，そのシリーズの事務局的な役割で参画させていただきました。そのときに現在の日本標準の山田雅彦会長がお茶の接待をされていたという記憶があります）。そのシリーズを編集するときに，教育評価論固有の課題を扱う第3巻『教育評価とテスト』の執筆者が見つからず苦労したという経験があります。さらには，中内先生が，2009年開催の第20回教育目標・評価学会へのメッセージの中で，「学会は目標・評価を研究するとしているのですから，この目標研究に力を注がなくてはなりません。目標研究の中心は，なにを子どもたちに教えねばならないのかということだと思います」と述べられています。もちろん，中内先生の場合には，この目標研究は科学至上主義の立場から主張されているのではなく，公害学習活動の歴史をふまえて，従来の科学では無視されてきた「還元」概念を目標研究に引き上げるべきであると主張されているのであって，この点をふまえて，わたしは，後年，「共有の目標化」（「目標の共有化」ばかり主張されると，その目標の質の吟味が疎かになると考えたからであります。「共有の目標化」とは，共有すべき価値ある目標を創造選択するということです）と考えるようになりました。

　現在では，想像ができないことだと思いますが，当時は一種の「到達度評価」ブームの時代でして，レジュメに書いていますように，『**現代教育科学**』で特集（1976年7月号，1978年12月号）が組まれ，さらには『**到達度評価**』誌（No. 1-10，明治図書，1984-1988年）が発刊され，その中で「到達度評価」をめぐる論争が活発に行われていたのであります。ちなみに，その直後に，向山洋一さんが率いる法則化運動が勃発して，いわゆる「法則化ブーム」が教育界を席巻するようになります。

　その当時のわたしは，「到達度評価」が主張します学力の保障という立場に共感しつつ，さまざまな「到達度評価」批判を吟味しつつ，学力論，授業

論さらには評価論をさらに研究的に発展させるべきであると考えるようになりました。思い出しますと，1986 年頃に，現在京都大学におられます松下佳代先生と現在東京大学で活躍されています藤村宣之先生と実践家が集まり，非公開の「土曜クラブ」という研究会を開催しておりました。このような研究的な志向は，中内先生も同じ思いであり，1989 年に教育目標・評価学会を立ち上げられることになります。また，中内先生が中京大学に異動されたことをきっかけに，1995 年「クライテリオン理論研究会」を立ち上げました。ちょうど，その前後の 1988 年に，わたしは大阪経済大学から兵庫教育大学に赴任することになります。当時の兵庫教育大学は現職の教員が全国から派遣されて，修士論文を書くことになっておりました。この兵庫教育大学に赴任しましたことで，まさしく教育方法学者としての真価が問われることになります。やや結論を先に述べますと，この兵庫教育大学での研究活動を通じまして，「到達度評価」論から「真正の評価」論へとパラダイム・シフトしていくことになります。このパラダイム・シフトを促した契機や要因は，今日から見て，三つあったように思います。

第3講　「真正の評価」論への三つの契機【1】
　　　　戦後「指導要録」研究から

　そのひとつは，戦後日本の「指導要録」研究を行ったことです[6]。その成果は**資料1**をご覧ください。学習指導要領と比べて指導要録はまさしく日陰の存在（マスコミにもあまり取り上げられませんし，実際自分の指導要録を見た方は少ないでしょう。しかし，目には見えませんでしたが，通知表や内申書の事実上の原簿として機能しており，教育実践を深部で規定していた存在でした）であり，当時においては系統的に分析されてこなかったものであります。この指導要録の研究も中内敏夫先生の『学力と評価の理論』からヒントを得たものです。この指導要録の研究から興味深い点がわかりました。

　実は，「相対評価」の問題点（5をとる子とともに必ず1をとる子がいるという点や，点数を上げるためには，排他的競争が行われる点など）は戦後はやくから指摘されていました。しかし，それがほぼ半世紀余りも長く存在してきた理由は，指導要録に採用されていた教育評価観が二重の柔構造をもってきたことにあるとわかりました。その二重構造とは，「相対評価（評定欄——5，4，3，2，1などの数値）」と「個人内評価（所見欄——たとえば1961年版では国語であれば「聞く」「話す」「読む」「作文」「書写」という観点に○印）」の接合構造という強靭な柔構造，つまり，「相対評価」の矛盾を「救済」する「個人内評価」という構造をとっていたことです。この強靭な柔構造に理論的な基礎を与えていたのは，**資料2**にあります橋本重治パラダイムでした。この橋本先生のパラダイムによれば，指導要録においては複数の教育評価観（その中心はあくまで「相対評価」でしたが）を採用して，それぞれの教育評価観の長所，短所を補い合うという関係なんですね。

資料1　戦後指導要録の変遷

	基本方針・特徴	教科の評価	行動と性格の評価他
1948 (昭和23) 年版	○個々の児童について、全体的に、継続的に、その発達の経過を記録し、その後の指導上必要な原簿となるよう客観的に……できうる限り作られている。しかも簡単に、規格は。地方、学校の特殊性によりとくに変更可能。○様式・規格は、指導の効果加記録という性格上、進学先に原本を送付し、10年間保存。要録は、補助物（補絵表等加記録）の作成を前提としている。	○指導の有効性のために、分析的の評価法。○評価の客観性のために、評定法は（+2、+1、0、-1、-2）（相対評価法）。○児童の個性を全体的に把握するために、「学習指導の経過」「全体について」の指導の経過」「全体について」の欄による。重要と思われる事項、「身体の記録」欄を設ける。	○「行動の記録」欄は、分析目標（23項目）に関して、「+2、+1、0、-1、-2」の相対評価法。○「どんなものに興味をもっか」「どんな経験をこにとくに参考となる行動、Cにとくに参考となる行動や経験の記録」、「身体検査の欄設定。○「標準検査の記録」欄設定。
1955 (昭和30) 年版	○指導および外部に対する証明等に役立つ簡明な原簿とした。○原本は保存し、転学の場合は抄本を送付し、進学の場合は抄本を送付する。保存期間は20年間。	○「評定」欄の設定――総合評定を採用。評価法。○「所見」欄の設定――個人内評価、観点は各目標ではなく能力の観点と領域の観点の並記。（○印、×印、特徴ない場合は無記入）。○「備考」欄設定――学習態度、努力度などの記述。	○教科以外の活動の記録、欄の設定――教科外教育の位置付け、個性の特性におうじた文章記述。○「行動の記録」欄――価値観の問題はABCの絶対評価、傾向性の項目はABCの比較のある場合には×の印。「趣味・特技」「所見」の欄設定。
1961 (昭和36) 年版	○1955年版の要録の方針をより徹底する方向で改訂する。○1958年改訂の告示版学習指導要領に照らして、必要な改訂をおこなう。○要録の用紙規格を統一。住民票――学籍簿――要録の学籍の記録という関係を明確にし、全体としての性格をはっきりさせる。	○「教科の評価」欄――「学習指導要領に定めるその教科の教科目標に照らし、学級または学年において」五段階の相対評価。○「各教科の学習についての所見」欄――個人内評価、観点別評定にありました参考、進歩の状況」の新設（○印記入）。○「備考」欄は前回と同趣旨。	○「行動および性格の記録」欄――一括として、各欄、各項目の改善案を文章記述。○「事実の記録」欄――教科外活動の影響。○「評定」欄――ABCの絶対評価。○「特記事項」欄――自省心・向上心・同情心の新項目（特設道徳の影響）。
1971 (昭和46) 年版	○1968年の学習指導要領改訂に伴う改訂にとどまる。部分的な改訂ではあり、「木籍」欄、「健康」欄の廃止。○通信欄には、要録の様式、記載方法などをそのまま転用することは必ずしも適当ではない旨注意する。	○「評定」欄――五段階に機械的に割り振ることのないように明記。絶対評価を加味した相対評価。各観点による個人内評価――個人内評価、各観点に関しない。要素・関心の削除、無記入不可。「備考」欄。	○「特別活動の記録」欄――学習指導要領の改訂により設定、原則として全員記入。○「行動および性格の記録」欄――「評定」欄はABC（創意くふう）が新項目、「所見」欄は健康状況、趣味・特技などを記入。
1980 (昭和55) 年版	○要録を児童生徒の指導に一層役立たせるという観点から改善を図った。（1977年学習指導要領の趣旨に即して、日常の学習評価改善のための学校づくりや日々の日常の学習評価改善のための指導に行う要録作成のために意図。○要録の様式等も教育委員会、学校の主体性のある工夫を期待するため、用紙の規格を言及しない。	○「評定」欄――絶対評価を加味した相対評価を導入。小学校低学年は三段階に変更。○「観点別学習状況」欄――絶対評価の三段階――（十分達成、ほぼ達成、達成不十分）の三段階、絶、空欄（特徴を認めがたいもの）の三段階、全観点に関心・態度。○「所見」欄――個人内評価。	○「特別活動の記録」欄――活動の意欲と集団への寄与という二つの観点を設定、活動状況を書く。○「行動及び性格の記録」欄は、+（優れたもの）、空欄（特徴を認めがたいもの）、－（特に指導を要するもの）、（勤労奉仕）が新項目、「所見」欄は全体的特記事項。
1991 (平成3) 年版	○平成元年版学習指導要録の指導に一層役立てる能力育成に立ち、C「努力を要する」B「おおむね満足できる」、A「十分満足できる、関心意欲能力などの育成を積極的に評価し、豊かな自己実現に役立てようとする。○指導要録に記録する内容の精選、学籍に関する記録の部分を指導に関する記録の部分を別葉として偏重し、後者の保存期間を5年、指導要録は新様式を規定。	○観点別学習状況欄、欄を基本――絶対評価、A「十分満足できる」、関心・意欲・態度、思考・判断、「技能・表現」「知識・理解」の順。○「評定」欄――小学校低学年廃止。中・高学年三段階の絶対評価を加味した相対評価。○「所見」欄――個人内評価。	○「特別活動の記録」欄――「活動状況」欄では学級活動、児童会活動、クラブ活動、学校行事などを印記入、「事実及び所見」欄では長所などを書く。○「行動の記録」欄――「行動の状況」欄では（行動の総合的観点）、◎印記入、「所見」欄は総合観点。○「指導上参考となる諸事項」欄――発達段階考慮。

22　第Ⅰ部　京都大学最終講義

この戦後指導要録において採用されている教育評価観は，「相対評価」と「個人内評価」の接合構造という強靭な柔構造ではないかと考えておりましたときに，竹内洋先生の文献に次のような一節を見つけ，大いに納得しました（竹内先生の書物は『立志・苦学・出世』講談社新書，1991年—最近では講談社学術文庫に収められています—というものが面白く，その業績に注目しておりました）。竹内先生は「選抜型競争社会に働いているのは，『加熱』（希少な地位・財産・学歴にむけての競争にカセクトcathectさせること）と『冷却』（希望が頓挫した場合に失望・不満・反逆を避けるための機能的必要物−代替的価値に移行したり，次善の達成に満足したりして適応すること）の構造である」（竹内洋『選抜社会』リクルート，1988年，pp. 29-30）と指摘されていて，まさにこの「加熱」と「冷却」の構造こそ，教育評価観にあらわれた「相対評価」と「個人内評価」の接合構造であると考えた次第です。
　それでは，「個人内評価（それは子どもを全体的に発達的にみようとする立場）」は「相対評価」の矛盾を緩衝する，または糊塗する役割しか担わなかったかというと，そうではありません。1961年の『現代教育科学』3月号に掲載された「相対評価」批判に対する二つの系譜から，むしろ，「個人内評価」の積極面がわかります。
　まずは，「目標準拠評価」からの批判を代表して，**遠山啓**（1909-1979）は次のように批判します。「もともと教育の目標はすべての子どもが5をとることであり，教師の努力もそこを目ざしているはずである。ところが，五段階評価はそれを真っこうから否定していることになる」。この遠山啓の批判は，教育方法学における「教育と科学の結合」論の系譜に属するものです。
　他方，「個人内評価」ひいては生活綴方からの批判を代表して，**東井義雄**（1912-1991）は次のように批判します。「一学期の『3』よりは二学期の『3』には質の高まりがあるはずだ。このちがいを，同じ『3』の中に見よという方が無理ではないか」「私は，成績を数字であらわすことには，相対評価であろうと絶対評価であろうと反対したい」。この東井の批判は，教育方法学

資料2　橋本重治パラダイム

(1) 相対評価法の長所・短所

〔長所〕
(a) 何も機械的に従う必要はないが，正規分布における各段のパーセントを大体の目安として評定するのであるから，操作が機械的に，容易にだれにでもでき，またそこに教師の主観が入る余地がきわめて少ない。
(b) その学級や学校内だけでは，たとえば5は上位の5～10パーセント内外に位置しているそういう成績であるというように，与えられた評点の意味がおよそ確定していて，あいまいな解釈を許さないようになっている。
(c) 評価には，相対評価法によって，集団の中での位置をみてこそ，初めて事態がよくわかるという一面があって，この方法に捨てがたいものがある。

〔短所〕
(a) 子どもの素質や性格や環境を考慮に入れないところの個性を没却した評価法である。
(b) その学級・学年内では，生徒の能力差を客観的に示しうるが，能力の学校差を少しも示し得ないから，成績の優秀な学校も劣悪な学校も，その評定結果が同じようになってしまう。
(c) 指導目標をどのように実際に達成したか，を直接に測定しないから，生徒の真の進歩発達を示すことができない。だから生徒相互間の競争をあおったり，また時に落胆させたりする。

(2) 絶対評価法の長所・短所

〔長所〕
(a) この方法が正しく操作できるならば，各科のそれぞれの学年における指導目標を評価の規準として，生徒の正真正銘の学習の成功・失敗等の成就状況をきめることができるし，また，真の進歩発達をみることもできる。
(b) 目標として，この方法を正しく操作することができるならば，生徒に自分の成績の真相を知らせ，誤ったうぬぼれや，不当の不安，また級友との無用の競争をなくすることができよう。

〔短所〕
(a) 絶対評価は指導目標を規準にするというけれども，各学年の指導目標の程度や範囲や深さを具体的にはたとえ学習指導要領といえども示していないし，さらに評価ということになると，一層具体的に問題の困難度の概念で示し得なければならないが，とてもそれもできないことであるから，絶対評価はいうべくして現実には操作が至難である。あえて行えば教師の主観に左右されることになり，評価の結果が信頼おけない。
(b) かりに，絶対評価が正しく操作できたとしても，個人的事情にかまわず一律に指導目標という外部規準に照らして評定するから，個性を没却した評価法であるという点で，前記相対評価法とまったく同一の欠点をもっている。

(3) 個人内評価の長所・短所

〔長所〕
(a) この方法は，相対評価のように他人と比較したり，また絶対評価のように指導目標に照らしたりしないで，その本人だけの内部の諸関連（横断的関連と縦断的関連と）からみるので，今日の個性教育や新教育の精神に合致している。
(b) 横断的関連で個人の成績の長所・短所を示すことによって診断を可能とし，今後の処理を示し，また縦断的関係で生徒の進歩状況をも明らかにすることができる。

〔短所〕
(a) この評価を正しく合理的に行うのには，前記相対評価法（あるいはもし絶対評価法が正しく行われうるならこれでもよい）の援助をかりなければならないので，ひとり立ちできない。
(b) 個性的・診断的に評価できることはよいが，この方法だけでは井の中の蛙式の，独善的解釈に終わるおそれが多い。

における「教育と生活の結合」論の系譜に属するものです。なお，東井は後に八鹿小学校の校長時代の取り組みを『「通信簿」の改造』（明治図書，1967年）にまとめています。

　わたしは，子どもを全体的に発達的に把握しようとする「個人内評価（その有効な方法論としての自己評価）」の積極面を位置づけないかぎり，「相対評価」と「個人内評価」の強靭な接合構造を克服することができないと考え，「目標に準拠した評価（到達度評価）」と「個人内評価」の結合論を主張するようになります。

　このような考えに至るときに，援護射撃となりましたのは，慶応大学の鹿毛雅治先生の論文でした。鹿毛先生は，1993年の『教育心理学研究41』において，「到達度評価が児童の内発的動機づけに及ぼす効果」という論文を発表されています。この論文を基礎に，「考えることの評価と教育実践」（若き認知心理学者の会編『認知心理学者　教育評価を語る』北大路書房，1996年に所載）という論文の中で，次のように示唆されています。「到達度評価をするかしないか」と「教師のみが評価するか，児童自身も評価するか」という二つの次元を組み合わせた調査（小学校5年生の算数授業）が行われた。その結果は「『到達度・自己評価』のように，評価基準が学習内容とのかかわりで示されつつ，評価過程に学習者が積極的に関与できるような評価のあり方が，考えようとする態度を育成する可能性がある」と報告されています。

　このような論文を読み，「目標に準拠した評価（到達度評価）」と「個人内評価」の結合論に自信をもち，ある研究会で発表したときに，それをお聞きになっていた中内先生がわたしに近寄ってこられて，「既存のものの組み合わせを変えることによって，新しいものを創り出すことができるんだね」とおっしゃいました。「弁証法」的思考を熟知されていた中内先生からの，この不思議な言葉の意味がわかったのは後年になってからです。中内先生の著作をお読みの方はご存知のことと思いますが，先生の著作の中に，参考文献として，クロード・レヴィ＝ストロース『野生の思考』（みすず書房，1976年，

原著1962年）がよく登場します。この著作の中で，レヴィ゠ストロースは「ブリコラージュ（bricolage：器用仕事）という概念＝『創作はつねに構成要素の新しい配列に帰する』」（p. 27）という**独特の思考方法**を紹介しています。この「ブリコラージュ」という概念に遭遇することによって，中内先生の不思議な言葉の意味がようやく氷解しました。

　わたしは，「目標に準拠した評価（到達度評価）」と「個人内評価」の結合論をさらに強固にするために，決して二項対立として理解してはいけない教育評価論における二つの契機を，(i)**目標準拠 vs ゴールフリー**，(ii)**結果 vs プロセス**，(iii)**外的 vs 内的**，(iv)**量 vs 質**として取り出し，理論を固めることにしました。このあたりのところは，やや抽象度が高くなりますので，興味のある方は拙文をご覧ください（拙著『教育評価』岩波書店，2008年，pp. 68-69）。

第4講　「真正の評価」論への三つの契機【2】
　　　　「素朴概念」研究から

　それでは，次に，パラダイム・シフトを促した二つめの要因である「素朴概念（naive concept）」研究に移ります。教育方法学という学問の面白さ（またはダイナミズム）であり，苦労するところは，自らの主張する理論を支える（裏付ける）実践を想定するか，さらにはそのような実践を創造しなくてはなりません。わたしが指導しました兵教大時代の「修士論文」においては，各教科の「単元」を選んで，2年間かけまして，その単元における教育目標研究，教材研究などをふまえて，指導案を作成して，実際に授業を実施してもらって分析するという「授業研究」に共同で取り組んでおりました[7]。当初は，国語（「ごんぎつね」など）や社会科（「水問題」や「縄文時代」「奈良の大仏」など）の授業研究に取り組んでおりましたが，院生の関心もあり，徐々におもに算数教育の単元レベルの授業設計に傾斜していきました。その結果，ほぼ小学校の算数のおもな単元（乗法や分数，小数，割合など）をカバーできるようになります。ちなみに，ここでの成果は，京都大学に赴任しましたときに取り組みました日中米の学力比較調査研究に活きてきます[8]。

　このような取り組みをしておりましたときに，1994年に宮崎県から派遣されてきました中屋敷史生君が小学校4年生理科「電気や光のはたらき」の授業づくりをやりたいという希望を示しました。当時のわたしは，理科の授業づくりといえば，板倉聖宣さんが創始しました「仮説実験授業」しか知識がなく，やや困ってしまいました。そうしますと，中屋敷君が「素朴概念」に関する研究が，当時の理科教育研究の分野ではポピュラーになっていると教えてくれました。その中心となる文献は，R. オズボーン＆P. フライ

バーグ編，森本信也&堀哲夫訳『子ども達はいかに科学理論を構成するか』（東洋館出版社，1988年）であり，そこで早速その文献を翻訳されました堀哲夫先生の文献を集めて読み，たちまちにしてわたしは堀先生ファンになりました。と同時に，着想が似ている東北大学の細谷純先生の研究（ルーバー研究）にも着目しました。

この**素朴概念**とは，所澤潤さんによりますと「子どもや，子どもばかりでなく初学者が学習を始める以前からもっていたり，学習を始めて以後にもったりすることのある主として自然現象に関する知識で，習熟した者（expert）からは通常正しくないとみなされる概念」（所澤潤「『わかる』ことと『学ぶ』こと」滝沢武久・東洋編『応用心理学講座9　教授・学習の行動科学』福村出版，1991年所載，p.60）であり，「**強固な生活的概念で通常の指導では変換不可能**」とされるものです。

資料3をご覧ください。この資料は，第31回日本教育方法学会筑波大学大会・課題研究「教育方法学研究における『知の枠組み』（パラダイム）の再構成」（1995/9/30）において発表したものの一部です（何と各種調査のデータや指導案を含む40ページを超える資料を作成しました）。この調査は，乾電池と豆電球に流れる電流の方向性を問うものです。もちろん，小学校4年生段階では，正解は番号の2（プラスからマイナスに流れる一方向説ですから）ですが，子どもたちの圧倒的多数は番号の5の二方向説と答えています。なぜ，子どもたちはそのように答えるのでしょうか。それは，「ものがぶつかると光が出る」などの日常経験に基づいて，電流の二方向説という「素朴概念」を形成しているのです。R. オズボーン＆P. フライバーグたちに言わせると，電流の一方向説という正解を伝えても，1年後にはやはり「素朴概念」に戻ってしまうとされていて，「素朴概念」の変換不可能性が強調されています。

そこで中屋敷君と共同して，この強力な「素朴概念」の転換を促す授業を構想しました。その基本構想の図も資料3に掲載しておきました。この点

資料3　乾電池と豆電球に流れる電流の方向性を問う問題

(6) 下の図のように，かん電池と豆電球をつなぎました。電気はどのように流れるでしょう。あなたの考えにあう番号に○をつけてください。

No.	反応	学年全体	対象学級
1	アの方から豆電球に流れてアにもどる	2(2%)	1(3%)
2	アの方から豆電球に流れてイにもどる	6(5%)	3(8%)
3	イの方から豆電球に流れてイにもどる	2(2%)	1(3%)
4	イの方から豆電球に流れてアにもどる	3(3%)	0(0%)
5	ア，イの両方から豆電球に流れて豆電球でぶつかる	95(80%)	28(68%)
6	アの方から豆電球を通りイにながれて，今度は，イの方から豆電球を通りアに流れるというように，いったりきたりする	10(8%)	7(18%)

授業の基本構想

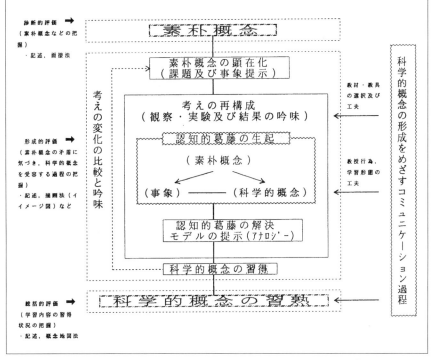

出典：第31回日本教育方法学会筑波大学大会・課題研究「教育方法学研究における『知の枠組み』（パラダイム）の再構成」1995年。

を詳しく語りますと(9)，時間がかかりますので，残念ですが省略いたします。ただ，一点申し上げますと，この授業構想では，「仮説実験授業」を意識しまして，子どもたちの「素朴概念」を顕在化させて，その「素朴概念」では説明できないような現象（「発光ダイオード」）を提示するという方法を考え，子どもたちに「納得」を伴う「理解」をもたらすという点を重視しました。そして，教育評価においては，「素朴概念」から「科学的概念」にどのように転換したのかを**自己評価**させたわけです。そうしますと，1年後に調査した結果，多くの子どもたちは「素朴概念」を克服していることがわかりました。

　つまり，「素朴概念」の研究から，授業研究とともに教育評価研究においても学習観の転換が求められていたのです。その転換は，「行動主義から**構成主義的学習観への転換**」とまとめてよい思います。当時読みました西林克彦先生の本の中に「『詰め込み教育』の問題点は，『詰め込めない』こと」（西林克彦『間違いだらけの学習論』新曜社，1994年，p. 157）であるという一節に感激したことを覚えています。つまり，「電流はプラスからマイナスに流れるものだ」と言葉で詰め込んでも，その強固な「素朴概念」の存在によって，「詰め込めない」のですね。まさしく，この西林先生の一節は，構成主義的学習観の核心を突いたものと理解しました。レジュメにまとめましたように，構成主義的学習観とは，「**第1点は，『学び』の整合性，一貫性，安定性**——子どもたちは，タブラ・ラサではなく，環境に対して選択的に関わりつつ意味を構成していく（sense making）存在である。**第2点は，『学び』のコンテキスト依存性**——子どもたちは，自らが属する社会的文脈・生活的文脈において，有能に学び続ける存在である。**第3点は，『学び』における知識表現の多面性**——子どもたちがある概念を真に保有するということは，その概念のラベルを単に暗記することではなく，その概念を多面的・多層的な表現（イメージ，エピソードなどとリンクして）において把握することである。**第4点として，『学び』の組み換え性**——子どもたちは，概

念や知識を累積的に学ぶのではなく，科学知と生活知，学校知と日常知の関係を調節し，組み換えつつ学ぶ存在である」という特徴をもつものと理解してよいと思います。

このように学習観の転換を理解しますと，「到達度評価」の中で主張されていた「形成的評価」の役割に変化が生まれるのではないかと考えました。一般に「形成的評価」とは授業中に行う評価行為であり，もし子どもたちの中に「つまずき」を発見した場合には，即時に回復指導を行うというものです。

この点について，東井義雄は大変示唆に富む言葉を残しています。それは，**「子どもはつまずきの天才である」**という言葉です（『学習のつまずきと学力』明治図書，1958 年）。つまり，子どもたちはむやみやたらにつまずくのではない。そこにはある論理がある。それは「生活の論理」と「教科の論理」である。したがって，子どもたちが「つまずく」のを困惑するのではなく，その「つまずき」を分析すると，指導する際の宝ものが宿っているというものです。この東井の「つまずき」を否定するのではなく，肯定する「逆転の発想」こそ，「形成的評価」論の基盤に据えなくてはならないと考えました。

そこで，「つまずき」観の深化を次のように定式化しました[10]。

まず何よりも「つまずき」は子どもに責任（子どもの能力や努力の不足に原因）があるという段階です。次の段階は『**つまずきをなくす授業**』──つまずきは本来起こってはならないと考え，つまずきを即時に修正の対象とするため，「なくす」ことが自己目的となって，指導の効率性のみが強調される段階。この段階は，ブルームの初期の形成的評価論にありましたプログラム学習的な残滓と通底しています。次に，『**つまずきを教師が生かす授業**』──つまずきを指導上の重要な契機ととらえ，つまずきを仕組む授業によって学力形成を確かなものにしようとするが，生かす主体が教師にとどまっていて，子どもたちの学習の実相に肉薄していない段階。そして，『**つまずきを教師と子どもたちが共に生かす授業**』──つまずきを教師と共に

子どもたちが共同して自覚的に克服しようとする段階。そこでは，自分の進歩やつまずき（今までの考え方がどのように変化または前進したのか，自分は何ができるようになって，まだ何ができないのか）を確認するとともに，授業場面でも「わからなかったこと」を積極的に発言できる場面づくり，学習集団内で対立・分化したつまずきを学習課題化する取り組みなどが行われる。この段階が，素朴概念研究に底流している**構成主義的学習観の段階**ですね。

　それでは，東井義雄の場合は，どの段階で「つまずき」を捉えていたのでしょうか。当初は，東井の場合は，『**つまずきを教師が生かす授業**』の段階と考えていましたが，最近刊行された豊田ひさき先生の東井義雄に関する本（『東井義雄の授業づくり』風媒社，2016 年）を参考にしますと，とくに「稲村の火」の実践ですが，東井も『**つまずきを教師と子どもたちが共に生かす授業**』に取り組んでいたことがわかりました。

　実は，1990 年代の中頃に兵庫県の片田舎で取り組み，考えておりましたことが，ほぼ同時期のイギリスにおいても，同様な発想が生まれていたことを知りましたのは，二宮衆一君による 1996 年に設立された ARG（Assessment Reform Group）に関する研究からです。そこでは，「**形成的アセスメント**」の特質は，「フィードバックの有無にではなく，フィードバックが学習支援や改善に結びついているかどうかにある」（p. 187）とされ，「学習者当人の学力や学習状況に即した判断がなされて，はじめて評価は学習支援や改善につながることができる」（二宮衆一「イギリスにおける『学習のための評価』による形成的評価の再構築」田中耕治編著『グローバル化時代の教育評価改革―日本・アジア・欧米を結ぶ―』日本標準，2016 年所載，pp. 187-189）と解説されています。

　また，ARG に基づく実践家であるシャーリー・クラークの最近の翻訳書の中で，訳者の安藤輝次先生も「（ブルームの）形成的評価は，教師主導という色彩が強いが，形成的アセスメントは，子どもの学びを教師だけでなく子ども自身にも評価させるという違いがあると言えよう」（シャーリー・ク

ラーク著・安藤輝次訳『アクティブラーニングのための学習評価法―形成的アセスメントの実践的方法―』関西大学出版部，2016年，p.220）と指摘されていて，まさしく我が意を得たりと感服した次第です。

　つまり，「目標に準拠した評価（到達度評価）」と「個人内評価」の結合論を「形成的評価」に自己評価を位置づける教育評価論として定式化して，当時は「『表現』を基礎にした形成的評価（Performance-Based-Evaluation）」と命名しました。すなわち，「それは，教師にとっては，子どもたちの『学び』の実相を深く診断するものであるとともに，それ自体が『学び』を活性化させる指導方法の一環となる。子どもたちは，その評価方法に参加する中で，自らの『学び』を自己評価するとともに，より深く多層的な理解を得ることができるようになる。換言すれば，『楽しい評価』を形容矛盾とする呪縛を解き放ち，それを文字通り実現しようとするものである」（『学力評価論入門』法政出版，1996年，p.130）と規定しています。

　その具体的な方法として，「仮想的教示法」「比喩的・図式的説明法」「作問法」などを挙げています。実はこれらの具体的な提起は，すでに**庄司和晃**（1929-2015）が行っています。庄司は次のように述べています。「教育というのは自分自身がスバラシクナッタという自覚を子どもにたえずもたせる仕事だ」として，そのために「子どもが自分で自分を評価しやすいようなてだてを講じてやること」つまり自己評価のさまざまな方法（「仮想方法による説明法」「マンガかきメソッド」「糸たぐりメソッド」など）を提案しています。「楽しい評価」を形容矛盾とする呪縛を解き放つ，じつに興味深い提案ですね（庄司和晃『仮説実験授業』国土社，1965年，pp.143-151）。

　以上，兵教大での成果（レジュメ3【1】【2】）を『学力評価論入門』でまとめ，1997年に京都大学に赴任します。この間にはわたしの結合論をめぐって「到達度評価」学派との論争がありましたので，興味のある方はお読みください。

　京都大学では，教育現場とのつながりを大切にしつつ，今までの成果を教

育評価研究としてまとめる仕事をしてきたと思います。これがパラダイム転換を促した第3の要因です。

第5講　「真正の評価」論への三つの契機【3】
「アメリカにおける教育評価論」の研究から
- 「真正の評価」論に逢着 -

　1920年代にピークを迎えます教育測定運動に代表されますように，アメリカにおける広義の教育評価研究は，世界を牽引してきたと思います（フランスにも「ドシモロジー」として大きな影響を与えていますね）。おそらく，その理由のひとつとして，アメリカという国においては「近代化」がヨーロッパと比較して，徹底したことが挙げられると思います。

　その「アメリカにおける教育評価」研究を本格的に始めるにあたって，いつも念頭に置いていたことがあります。それは，森昭先生の外国研究への警鐘として指摘されている「送迎展示方式」という言葉です。すなわち，森先生はおもに戦前のいわゆる講壇教育学を想定して，「ⓐ学界の主要な関心は，欧米先進諸国の新しい思想・学説をいち早く『輸入』し『紹介』することにありⓑ現場（特に附属など）の主要な関心は，そこに新しい教育実践の方法や示唆を求めるということにあった。そこから，学界には，新旧思潮を『送迎』し，これを書物や講座に『展示』する方式が広く行われ，他方，現場においては，新しい動向に『飛び付き』，そして『捨て去る』という風習が生まれた」（森昭「教育思潮研究と教育思想」森昭編『現代教育思潮』第一法規，1969年所収，p.34）と厳しく指摘されています。このような事態を指す言葉として，現代中国において「後発外啓」という言葉が使用されています（項純『現代中国における教育評価改革』日本標準，2013年より）。

　これに対して，わたしは「外国研究」を行うにあたって，自らに次の三つの課題を課しました。①日本の教育実践史に確かな根付きを求める（すでに

ふれました東井義雄や庄司和晃に着目すること），②紹介された思想・学説の来歴や帰趨を追うこと（これから紹介しますブルーム学派の展開を追うことです），③紹介された教育思想・学説に基づく典型的な実践事例（教育方法学者はこのことは大切ですね）を把握すること（このことはおもに対象国で出版されている実践書を翻訳することでした）です。そのうえで，実践現場との相互互恵関係の中で，日本の教育実践に紹介し，適応・検証することです。ここであらためて，外来語またはカタカナ語の有効性にふれてみたいと思います。日本のすぐれた教師たちは，無意識的にすぐれた実践を行っています。それを，たとえば「形成的評価 formative assessment」とか「ポートフォリオ」とかの外来語でみますと，その実践の意義づけが明確となり，かつそのことによって意識的に実践を行えるようになります。このような外国からの文化の移入（言語的な空白を埋めるとともに，人々に新しい認知の枠組みを提供するという，外来語の役割）によって，日本文化が発展してきたということを多くの文明史家が指摘しています。

　さらには，現代はグローバル化時代と言われます。若い皆さんは，ボーダレスに諸外国の先生たちと大いに交流していると思いますが，わたしの狭い体験から申し上げられることは，グローバル化の中で問われるべきは，アジアの中の日本の特質をいかに見いだし発信するのかという点であろうと思います。とりわけ，「**アジアの中の日本**」をどの程度意識するのかが大切ではないかと思います。

　さて，京都大学に赴任してきて，最初に行ったのは「ポートフォリオ評価法」の紹介です。それには，前史があります。わたしは，兵教大時代の後半に兵庫県口吉川小学校（山崎啓二校長先生はすばらしいリーダーシップを発揮された方です。本日お越しの高倉小学校の岸田蘭子校長先生とともに，校長先生のリーダーシップの大切さを教わりました）で当時注目されはじめた総合学習の実践に取り組んでおりました。そのときに，学校から「総合学習を行うと，それこそ教室を飛び出して子どもたちは活発に学習するようになる。しかし，

子どもたちにはどれだけの力がついているのかがわからず不安である」という声があがりました。そこで山崎校長先生から，「総合学習における教育評価の方法はありませんか」と質問されたことが，「ポートフォリオ評価法」を紹介してみようとするきっかけになります。

「ポートフォリオ評価法」については，当時のアメリカで多く実践されていることは知っていましたが，わたしの友人の宮本健市郎先生がシカゴに留学されていて，アメリカに来ないかと誘われました。そこで1996年に訪問したのが，シカゴにありますクロウ・アイランド小学校です。実はここは不明の至りですが，その小学校のヒバート（Hebert, E. A.）校長に「ポートフォリオ評価法がアメリカで実践されているようですが，どのようなものですか」と質問しますと，まるで待ってましたとばかりに，ヒバート校長は自分の部屋から自分が書いたポートフォリオ評価法の論文を持ってきて説明してくれます。それこそ，後でわかったことですが，このクロウ・アイランド小学校は，全米を代表する「ポートフォリオ評価法」の実践校だったんですね。そのことがわかり，京大赴任後に，西岡先生，当時院生であった赤沢早人君たちとクロウ・アイランド小学校を再訪します（なお，文献紹介しています1988年の兵教大紀要の論文が，日本ではじめて「ポートフォリオ評価法」を学術的に紹介したものとされています）。

このような取り組みと並行して，院生諸君たちと翻訳しました「ポートフォリオ評価法」の実践書である『ポートフォリオをデザインする』（B. D. シャクリーほか著，田中耕治監訳，ミネルヴァ書房，2001年）を発刊します。なお，実はこの翻訳書の中で，「ポートフォリオ評価法」の根底にある評価論は「真正の評価」論であると書かれていたのですが，当時はあまり着目せずにおりました。このポートフォリオ評価法が書籍として一斉に出版されましたのが1999年でして[11]，わたしは，**1999年は「ポートフォリオ元年」**と考えております。そして，「ポートフォリオ評価法」の日本における源流は**大村はまの「学習記録」実践**（戦前の諏訪女子高等学校からの実践——じつ

はこの「学習記録」の実物が鳴門教育大学の図書館に保管されています）であると紹介しました。

　このような取り組みを行っていましたときに，やはり京大の助手時代から関心をもっていましたブルーム学派の動向が気になっておりました。これもたまたま入手したブルームの教え子であるブロック（Block, J. H.）の著作から，大変興味深い事実を知りました。「ブルーム学派の展開として，[**ブルーム（1913-1999）の時代**（The Bloom Period）]，[**ブルームの教え子の時代**（The Bloom's Students Period）]，[**ネットワークの時代**（Network Period）]と時期区分され，そのネットワークの時代とは，『Outcome-Based Education（OBE）』という包括的な方針の下に全米各地の研究者・実践家が結集している。その際，マスタリーラーニング（Mastery Learning）の考え方は，その基軸の役割を担うことになっている。(1980-1990年代)」と解説されていて，機関誌 *OUTCOMES* が発刊され，ニューヨーク州のジョンソン・シティ（その校区のスローガンは〈All students can learn and succeed. Success breeds success. Schools control the conditions of success.〉です）が全米における中心校区であると報告されていました。そこで，機関紙 *OUTCOMES* を苦労して入手して，かなり詳細な分析を加えて，稲葉先生の退職記念論集に執筆しましたのが，1995年の「OBEの現状と課題―アメリカにおける学力保障論の展開―」（本書第Ⅱ部掲載）です。

　すでにブルームの名前や考え方は，1990年代の日本では「送迎展示」されておりましたが，その後の展開はきわめて示唆的です。ブルームはおもに心理学的実験によって，自らの授業論の優位性を示しておりましたが，その教え子たちのとくにガスキー（Guskey, T. R.）あたりになりますと，具体的な学校実践に取り組み，そこからの教訓から，先生であるブルームのマスタリーラーニングの弱点を克服しようとします。それは，「プログラム学習とマスタリーラーニングとの相違」というテーマで追究していきます。その延長上に，チクセントミファイ（Csilkszentmihalyi, M.）の「フロー経験」を

援用して，学習の自己決定者としての子どもの存在を強調して，さらには「学力の質的検討」と「学習の主体性」からブルームがめざしました学力保障を吟味しております。そして，さらには校区単位での実践を展開していきます。なお，京大赴任後に，1998 年に西岡先生と院生であった藤本和久君と学生であった知見元博君といっしょにこのジョンソン・シティ校区に調査に入ります[12]。資料 4 をご覧ください。このような展開は，日本の「到達度評価」論に関わりました者には大変に興味深く思いました。実は，OBE の展開の中から，質的に高い学力をはかる評価論として，「authentic assessment」が紹介され，当時は「真なる評価」と訳しております。後年になって，遠藤貴広君の紹介で，「真正の評価」に関する，澤田稔さんによる秀逸な動向紹介（1997 年）があることを知りました。

　いよいよ，2000 年前後あたりから，ウィギンズ（Wiggins, G.）さんの論文を読むことで，「真正の評価」論に本格的に取り組むようになります。なお，2002 年にニュー・ジャージー大学に，西岡先生，石井英真先生と一緒に訪問し，ウィギンズさんにインタビュー調査を行いました。加えて，院生諸君と共同で，ダイアン・ハート（Diane Hart）さんの著作を翻訳いたします。このハートさんの著作の原題は，実は *Authentic Assessment A Handbook for Educators* であり，「真正の評価論の入門書」として書かれたものですが，当時 PISA 問題が浮上してきて，そこで採用された「パフォーマンス評価」への関心が高まりつつあり，出版社の意向も受けて，本の題名は『パフォーマンス評価入門──「真正の評価」論からの提案』といたしました。その解説文の中で，「真正の評価」論の本質について次のように分析しました（田中耕治監訳『パフォーマンス評価入門──「真正の評価」論からの提案』ミネルヴァ書房，2012 年）。

　まず，「真正の評価」論を状況論の文脈でなく目標準拠の文脈で理解するということです。この点は，ウィギンズさんのスタンダード論に学びました。くわしくは，「オーセンティックアセスメントとはどのような評価方法か」

資料4　授業の基本構想

```
使命「すべての生徒はよく学ぶだろう」
        研究の基礎
   心理学的基礎 ― 変革的リーダー ― 哲学的基礎
```

行政上の支援	地域の支援	教師の支援
教職員の成長発達 コミュニケーション・ネットワーク 問題解決 変化の過程 環境の改善 経営	学区教育委員会 パブリック ネットワーク	教授過程 カリキュラム編成 学校実践 教室実践 組織的構造

出口において望まれる生徒の行動
(1) 学習者として、人間として自尊心が持てる
(2) アカデミックな思考と理解ができる
(3) 学習者として、自己決定できる
(4) 他者への配慮をもつ
(5) 問題解決、コミュニケーション、意思決定、責任、集団過程のスキルを持つ

「成果」の山メタファ

<変革的領域>	・人生上の役割機能（指導者と組織者、集団成員と同伴者、援助者と貢献者、先生と相談相手、創造者と生産者、計画者と立案者、問題発見者と解決者、実行者と遂行者） ・複雑な役割演出（ex.高次の自己決定、自己評価を行うこと）
<過渡的領域>	・複雑で非構造的な課題演示（ex.自己決定すること、自己評価すること） ・高次の能力（ex.意志決定のために複雑な情報を使用する、公衆と効果的に会話する）
<伝統的領域>	・構造化された課題演示（ex.ある出来事の説明文を書く、実験を行い、理論と照合する） ・個別的な内容の技能（ex.スペル習得のための読書、特定の数学操作の遂行）

出典：田中耕治「OBEをめぐる論争とジョンソン・シティ」pp. 43-48, 田中耕治，西岡加名恵，藤本和久「米国ニューヨーク州のジョンソン・シティにおけるODDMの検討－OBEのための学区-学校運営モデル－」京都大学大学院教育学研究科　教育方法学講座紀要『教育方法の探究』第3号, 2000年, pp. 43-62.

（日本理科教育学会編『理科の教育』No.593, 2001 年, pp. 4-7。本書第Ⅱ部に掲載）を参照ください。

次に,「真正の評価」論の本質は「質」と「参加」の保障であると考えました。このようにまとめましたのは,先ほどお話ししましたように,OBE の発展史を分析する中で,「**学力の質的検討**」と「**学習の主体性**」から学力保障をするということを想起したからです。すなわち,「**質**」とは,まさしく評価課題の真正性とは何かという問いですが,ニューマンの見解に学んで,それは「親密さ（relevance）」と「困難さ（rigor）」を把握することで,授業における活動主義と網羅主義を回避できるということです。この点は,実は日本における「切実さ」論争から着想したものです。この「真正性」のさらに厳密な規定は,講読演習で読みましたウィギンズさんの *Educative Assessment* の第 2 章で 6 項目を挙げていますので,参照ください。

3 点目に「**参加**」概念のほうです。この「参加」は当初は子どもたちが主体的に授業や評価に参加するという意味に捉えていましたが,OBE の校区単位の取り組みや保護者による学校教育への参加を含みますと,社会的参加概念であるアンガージュマンと捉えるほうがよく,まさしく教育評価に関わるステイクホルダーの登場を促す概念であると考えるようになりました。そこからモデレーション（教育課程の民主編成の具体化）が生まれてくるのです。

そこで,わたしなりの「真正の評価」論のポイントを整理してみました。

①評価の文脈が「真正性」をもっていること
　親しみやすさ（relevance）と高度な（rigor）学力の質を要求する評価課題――パフォーマンス課題
②学習の構成的契機に着目すること
　子どもたちへの有能感に基づいて,学習の「組み換え」性を重視
③評価は教師と子どもとの,さらには保護者も含む共同作業であること
　子どもたちが「評価」に参加（stakeholder）,評価規準・基準の透明性
④評価は学習の結果だけでなくプロセスを重視すること

子どもたちの「葛藤」を写し取るような評価法の工夫
　⑤学習した成果を表現する方法を子どもたちも選択できること
　　学力の表現形態（わかることの意味）の深化
　⑥評価は自己評価を促すものでなくてはならないこと
　⑦外的評価と内的評価の相互環流の中で「自己評価」を形成すること

　以上，京都大学での教育評価研究の成果や共同で取り組みました翻訳作業を通じて得た知見は，岩波書店の『教育評価』(2008 年) と三学出版の『教育評価と教育実践の課題』(2013 年) にまとめました。それでは，次にどのような課題に挑戦しようとしているのかをお話しします。今後の課題として，大きくは「真正の評価」論の精緻化と基礎研究に分けて書いてあります。このあたりは，わたしも高齢になってきましたから，もし田中ができなければ，わたしがやってやろうという方が出てくることを期待して述べてみたいと思います。

　まず，「真正の評価」論の精緻化においては，教育目標のスタンダードをどう設定するのかという課題です。わたしは，かつて同窓生の皆さんに執筆いただいた『グローバル化時代の教育評価改革』(日本標準，2016 年) の中で，かなり抽象度をあげて，「質と平等（同質性と異質性を含む）」「共通性と多様性」という契機を改革理念の方向性として取り出しました[13]。最近のスタンダード批判を見てみますと，かなり粗っぽく，スタンダードを設定すること自体を全面批判する論調があります。たしかに，日本のように，長くナショナルカリキュラムが法的拘束力をもって編成された国においては，また「異文化共生社会」が叫ばれる中においては，スタンダード設定への嫌悪感や抑圧感があるのは理解できます。しかし，考えてみますと，「異文化共生社会」と言いましても，「異文化」社会と「共生社会」をつなぐ論理を深めなくてはなりません。その論理の中に改めてスタンダードのあり方を問うという課題があるように思います。

　次に学力論の課題ですが，わたしは中内先生の学力モデル論に学んで，

「確かな基本性（習得）なくして豊かな発展性（習熟）なし」と考えてきました。しかし今日の状況では，基本性（「知識・技能」）と発展性（「思考力・判断力・表現力」）とをどのように教育的につなぐのかが問われているように思います。ここを深めないと子どもたちの中に学力格差が広がるのではないかと懸念いたします。先に紹介した西林先生は，基本性と発展性をつなぐ「接続的知識」の存在を示唆されています。さらには，情意目標（「学びに向かう力・人間性等」）を学力論としてどう位置付けるのかも問われています。中内先生の学力モデルにおける「習熟」概念は，ヴィゴツキーの所論に根拠を置かれています。現在のヴィゴツキー研究においては，最近公刊されたヴィゴツキーの論文に基づいて，改めて情意領域の研究が展開されようとしています。この研究成果をふまえると，この「習熟」論はいかなる展開を見せるのか検討しなくてはなりません。

　3点目は，評価制度論です。入試改革，指導要録や通知表のあり方は，「真正の評価」論をふまえると，いかに変革されるべきかという課題です。このあたり，細尾萌子さんのフランスのバカロレアに関する研究がありますが，なかなか困難な課題であります。ぜひ，各国の制度改革を参考にして，改革の具体的な提案をしなくてはなりません。

　「真正の評価」論の精緻化に加えて，すぐに取り組みたい基礎研究のテーマを3点挙げておきます。①「教育評価evaluation」概念の登場の経緯——教育評価のシカゴ学派の系譜の研究です。はたして，「evaluation」概念を創出したタイラーは，どのような理論的経緯に基づいて提起しえたのか。この点はボビット（Bobbitt, F.）でなく，チャーターズ（Charters, W. W.）のカリキュラムをいかに引き継いだのかという課題でもあります。

　②教育評価としての「教育実践記録」論—質的評価論の課題です。

　最近，ドイツのフンボルト大学から「日本における教育評価の特質」に関して論文を執筆してほしいという依頼が届きました。そこで急ぎ執筆したのですが，一番興味をもたれたのが，日本の教師の独特な文化である「教育実

践記録」でした。おそらく，この「教育実践記録」を教育評価論として深めていくと，京大助手時代から進んでおりませんアイスナー研究つまり質的評価論に踏み込んでいくことになるのではないかと予想しています。

　③このたびミネルヴァ書房から出版されました『戦後日本教育方法論史』（上・下）をさらに深めて「戦後日本教育実践史」を追究したいと考えています。この講義でも取り上げました東井義雄，玉田泰太郎，庄司和晃などはビッグネームですが，さらに調べていきますと，もっとたくさんのすぐれた実践家が発掘されてくると思います。研究の視角としては，学力論，授業論からのアプローチになると思います。

　最後にやや唐突ですが，西岡先生が最近出版された『アクティブ・ラーニング　調べ学習編』（西岡加名恵監修，PHP，2017年）という本を紹介します。常々，わたしたち教育方法学者の責務は，その理論を教育現場で奮闘されている先生方にわかりやすく伝えることであると考えてきましたが，この西岡先生の本は，なんとおもに小学生のために編まれた本です。皆さまも，教育方法学者の責務として，ぜひ自分の専門分野に関わって，児童や生徒にもわかりやすい本を編まれることを期待します。

　それでは，「教育評価研究の回顧と展望―わたしは，どのようにして，「真正の評価」論の地平に，出てきたか―」というテーマでお話ししてきました講義をそろそろ終わります。なにか「回顧」ばかりで，「展望」のほうが聞けなかったという不満をお持ちの方がおられると思います。この「展望」のほうは，それこそ同窓生の皆さまと一緒にこれから切り拓いていかなければならないものと考えています。

おわりに

　それでは，講義の最後に，わたしの座右の銘でもあります孔子の「論語」からの一節をお示しします。とくにゴシックのところに注目してください。

「後世　畏るべし。焉くんぞ　来者の今に敷かざるを知らんや。四十五十にして聞こゆること無くんば，斯れ亦た畏るるにたらざるのみ」(孔子『論語』)

「**後輩や若者こそ畏敬すべきだ。未来の人間である彼らがどうして現在の人間より劣るとわかるのか。**しかし，(その若者とて)四十五十になっても，何の名声も得られないようなら，これまたいっこう畏敬するに値しない」
(井波律子訳『完訳論語』岩波書店，2016年，pp. 260-261)

孔子の，この言葉には教育者らしい真髄が詰まっています。教育という営みは，何よりも時間軸に沿って人間をみようとするものです。したがいまして，大阪弁で言う「イラチ」ではだめで，「辛抱づよく，粘りづよく人間とつきあうこと」が大切ですね。でも，孔子は後半部で厳しいことを述べています。若さに安住してはダメということでしょう。同窓生の皆さんの多くは，大学で教鞭をとっておられます。この「**後世　畏るべし**」という言葉を忘れないでいただきたいと願っています。

最後の最後にお話ししておかなくてはならないことがあります。本日，お聞きのように，わたしの研究生活は，恩師，研究同人・友人，教え子たちに支えられて，牛歩のようなあゆみでした。とりわけ大病(2012年7月)後に，何と著作9冊，論文類6本を公刊できましたことは，西岡先生，石井先生はじめ研究室の院生諸君と同窓生諸君の温かいアシストとともに，出版社の皆さまと研究科の皆さまのご高配と，とりわけ妻の献身的な支えがあったればこそと，感謝しても感謝しきれません。この場を借りて厚く御礼申し上げます。

ながいあいだ，ご清聴ありがとうございました。これにて最終講義を終わります。(2017年3月4日：於京都大学法経済学部東館法経第三教室)

資料5　参考拙稿資料（文献注）

(1) 「〈研究情報〉研究資料紹介　B. S. ブルーム著『人間の特性と学校での学習』（1976年）」pp. 171-176。『到達度評価研究ジャーナル』2, 地歴社, 1980年11月。
「研究資料紹介　B. S. ブルーム著『すべての子どもたちは学ぶことができる――親, 先生そして教育者のための入門書』（1980年）」pp. 170-175。『到達度評価研究ジャーナル』4, 地歴社, 1982年2月。

(2) 「教育目標とカリキュラム構成の課題－ブルームとアイスナーの所説を中心にして－」『京都大学教育学部紀要』第28号, 1982年3月, pp. 101-113。

(3) 「戦後初期『教育評価』概念の成立」兵庫教育大学教育方法講座紀要『授業の探究』第3号, 1992年3月, pp. 1-14。

(4) 「3　玉田泰太郎と理科授業の創造――『到達目標』の設定と『学習課題方式』の提唱」田中耕治編著『時代を拓いた教師たち――実践から教育を問い直す――』日本標準, 2009年, pp. 101-112。

(5) 「到達目標の設定」稲葉宏雄・田中耕治編著『教育目標・教育実践と教育評価』（現代教育と評価シリーズ第2巻）日本標準, 1984年, pp. 44-96。「『関心・態度』の指導と評価」鈴木敏昭・田中耕治編著『社会のめあてを生かす授業と評価』日本標準, 1984年, pp. 116-126。

(6) 「児童指導要録研究の成果と課題――学力評価論からのアプローチ」兵庫教育大学教育方法講座紀要『授業の探究』第2号, 1991年, pp. 1-30。

(7) 「現職教員を対象とする大学院教育の試み－ゼミナール5年間のまとめ－」兵庫教育大学教育方法講座紀要『授業の探究』第5号, 1994年, pp. 9-31。

(8) 「日米の数学教科書の分析－単元『乗法の概念』に着目して－」代表田中耕治『日米両国における小学生の数学思考の発達に関する比較研究』（科学研究費補助金研究成果報告書）, 2003年, pp. 60-64。

(9) 「『学び』をとらえる形成的評価の試み－『素朴概念』に着目した授業づくり（小学校4年生理科『電気や光のはたらき』）に即して－」代表吉本均『教育方法学研究における「知の枠組み」（パラダイム）に関する学際的・総合的研究－戦後授業観の総括と21世紀教育への展望－』科学研究費補助金研究成果最終報告, 1996年, pp. 118-123。本書第Ⅱ部に掲載。

(10) 『学力評価論入門』法政出版, 1996年, pp. 127-129。

(11) 田中耕治・西岡加名恵『総合学習とポートフォリオ評価法』日本標準, 1999年。

(12) （共）担当「OBEをめぐる論争とジョンソン・シティ」pp. 43-48。田中耕治・西岡加名恵・藤本和久「米国ニューヨーク州のジョンソン・シティにおけるODDMの検討－OBEのための学区-学校運営モデル－」京都大学大学院教育学研究科 教育方法学講座紀要『教育方法の探究』第3号, 2000年, pp. 43-62。

(13) 「序文　教育評価改革の潮流」田中耕治編『グローバル化時代の教育評価改革』日本標準, 2016年, pp. 1-9。

【参考資料】最終講義レジュメ

2017/03/04

京都大学定年退職最終講義
於京都大学法経済学部東館法経第三教室

教育評価研究の回顧と展望
――わたしは，どのようにして，「真正の評価」論の地平に，出てきたか――

田中耕治

1 はじめに

○教育（方法）学の立場から，「教育評価」論を構築したこと☜「功績調書」
　Cf. 2009年の教育方法学会編の『日本の授業研究』下巻にて登場⇐『戦後50年，いま学校を問い直す』（『教育方法』25，明治図書，1996年10月）には記載なし
　←留学後における恩師稲葉宏雄（1931-2006）のブルーム（Bloom, B. S.）学派への傾倒と，第二期生（大西匡哉氏）を通じて京都の「到達度評価」へ接近（後にオピニオン・リーダー）～助手としての任務，貢献（ブルームの主著の解説の仕事，京大紀要にてブルーム－アイスナー問題を検討）
　←京大教育学部教育心理学講座の系譜　正木正（1905-1959）⇒名大の續有恒（1914-1972）に継承，かつての教育指導講座の高瀬常男（1926-1978），田中昌人（1932-2005）の恩師 ex. 大泉溥編纂『日本心理学者事典』クレス出版，2003年。
　正木正（測定論と考査論と評価論の相違を明確に自覚）☞教育実践と教育評価は相即不離な関係―相互浸透する関係
「今日周知の如く教育過程において評価（evaluation）が重要視されてきている。これは評価という問題が教育過程に新しく付加され，関心されて来たということではない。むしろ，評価は教育過程に融合されている部分であって，従来問題的にも，方法的にも無意識であったものが，新しく自覚されて来たということである。教育活動の自己発展として評価の問題が分節化し，強調されて来たというべきであろう」
（正木正「価値と評価」，岩波講座『教育』第3巻，岩波書店，1952年所載，p.245）
　Cf. 渡辺貴裕「教師の主体性を重視する教育評価論――正木正の場合」田中耕治編著『人物で綴る戦後教育評価の歴史』三学出版，2007年所載。
　　　毛利猛「正木正の教育的人間学」皇紀夫・矢野智司編『日本の教育人間学』玉川大学出版部，1999年所載。
　Cf. 「評価」概念の多様性―test, measurement, rating, audit, appraisal, evaluation, assessment, educative assessment
　☞戦後初期「教育評価」の到達点――文部省理解（文責 伊藤忠二）
　①評価は，児童の生活全体を問題にし，その発展をはかろうとするものである。
　②評価は，教育の結果ばかりでなく，その過程を重視するものである。
　③評価は，教師の行う評価ばかりでなく児童の自己評価をも大事なものとして取

47

④評価は，その結果をいっそう適切な教材の選択や，学習指導法の改善に利用し役だてるためにも行われる。
　　　⑤評価は，学習活動を有効ならしめる上に欠くべからざるものである（文部省『初等教育の原理』東洋館出版社，1951 年，pp. 217-219。すべて下線は筆者）。
　←教育学部二期生中内敏夫（1930-2016）「教育評価」岩波講座『現代教育学』第 2 巻，1960 年所載。この論文は教育学における教育評価の意義を措定したもの，中内敏夫『学力と評価の理論』国土社，1971 年はその金字塔。

2　「到達度評価」との出会い
　○「到達度評価」の登場と多様性
　　京都府教育委員会『到達度評価への改善を進めるために―研究討議のための資料―』（1975 年 2 月）いわゆる「長帳」の中ではじめて登場。
　　　「『到達度評価』は，すべての子どもの学力を，それぞれの学年，教科の目標に到達させることを基本とする教育指導における評価なので，すべての子どもの以後の発達にとって，必要で，十分な教育を整えていくことに努める教育指導の全体に役立つものとしなければなりません」（p. 5，下線は筆者）
　　→多様性―行動目標論（ロバート F. メイジャ，W. J. ポファムなど）や目標管理論や落ち研の 3R's 学力保障論，ブルーム学派の影響
　　　⇐「到達度評価」批判の錯綜（旧「絶対評価」との混同など）
　　　森川久雄『行動目標の設定と評価』明治図書，1972 年。
　　　文部省『カリキュラム開発の課題』1975 年～「羅生門的アプローチ」。
　　　岸本裕史『どの子も伸びる』部落問題研究所出版部，1977 年～「百ます計算」。
　　　伊藤和衞『教育課程の目標管理』明治図書，1978 年。
　　　梶田叡一『到達度評価の理論と教育革新』明治図書，1979 年。
　　　稲葉宏雄『学力問題と到達度評価』上・下，あゆみ出版，1984 年。
　　　Cf. 續有恒『教育評価』第一法規，1969 年。
　　　　　續有恒『教育心理学の探求』金子書房，1973 年。
　　　　☞「履修主義」と「修得主義」の提唱
　　　　　⇆年数主義（social promotion）と課程主義（merit promotion）
　　　　～「教育評価」の規定「評価は，目標追求―評価―調整という単位での，目標追求活動における部分活動であって，追求活動の実績と目標との関係をチェックし，調整活動のために，フィードバック情報を提供するものであること」（續有恒『教育評価』第一法規，1969 年，p. 27）
　　　　　←行動主義の影響（プロセスと自己評価の欠落）
　　　橋本重治『到達度評価の研究』図書文化，1981 年。
　　　　☞評価における規準と基準の相違を指摘
　○「到達度評価」の本質～「相対評価（5 段階相対評価 5：7％，4：24％，3：38％，

2：24％，1：7％）」システムに抵抗，批判する「目標準拠評価」の特殊日本的な歴史的形態→1969年通信簿事件を契機。到達目標研究委員会（坂元忠芳，中内敏夫，村越邦男，川合章等，1976年日本標準主催），生存権にあたる学習権の保障を重視（学力保障論）。
  →中内敏夫「教育の目標・評価論の課題」『教育』1977年7月→「第1章 結び目の課題」『中内敏夫著作集　新・教育原論』第Ⅰ巻（中内三部作の合作）藤原書店，1998年所収。
    ～その教育実践の典型的な体現者は玉田泰太郎（1927-2002）
     ①評価規準としての「到達目標」―何を（「内容」）どのように獲得しなくてはならないのか（「行動」または「能力」の様態―中内先生の訂正）を実体的に明示。ex.「なぜかけ算を教えなくてはならないのか（目的）」「かけ算がわかるとはどのようなことか（概念的理解と手続き的理解）」「どの学年でどの程度教えるのか（編成）」⇒教育課程評価から教育課程の創造へ
     ②到達目標の共有化―学力保障
     ③評価機能の分化―「診断的評価」「形成的評価（回復学習の取り組み）」「総括的評価」⇐ブルームの影響
      ⇒今日的な時点からみた場合，「到達度評価」とは評価論研究が中心ではなく，もっぱら教材・教具論を包含する教育目標（とりわけ教育内容）研究が課題であったと言えよう（cf. 1984年日本標準到達度評価シリーズ本の経験，中内敏夫2009年開催の第20回教育目標・評価学会へのメッセージ「学会は目標・評価を研究するとしているのですから，この目標研究に力を注がなくてはなりません。目標研究の中心は，なにを子どもたちに教えねばならないのかということだと思います」⇆科学至上主義 vs 科学と科学の競合論へ～「還元」概念の提案⇒共有の目標化）。
      ⇒「到達評価」をめぐる論争 ex.『現代教育科学』1976年7月号，1978年12月号などで特集，『到達度評価』誌 No. 1-10, 明治図書，1984-1988年。

3 「真正の評価（authentic assessment）」論への三つの契機
【1】戦後「指導要録」研究から　資料1～学習指導要領と比べて指導要録は日陰の存在
　←中内敏夫『学力と評価の理論』からのヒント
  ①戦後の公的な評価観の推移―「相対評価（「評定欄」）」と「個人内評価（所見欄）」の接合構造＝強靭な柔構造（橋本重治パラダイム　資料2）～「相対評価」の矛盾を「救済」する「個人内評価」
    Cf. 竹内洋『選抜社会』リクルート，1988年。
      ～この接合構造こそ「選抜型競争社会に働いている『加熱』（希少な地位・財産・学歴にむけての競争にカセクトさせること）と『冷却』（希望が頓挫した場合に失望・不満・反逆を避けるための機能的必要物―代替的価値に移行したり，次善の達成に満足して適応すること）の構造を見事に反映している」

②「相対評価」批判の二つの系譜←『現代教育科学』1961年3月号
　○「目標準拠評価」からの批判　遠山啓（1909-1979），桑原作次☞「教育と科学の結合」論の系譜
　　～「もともと教育の目標はすべての子どもが 5 をとることであり，教師の努力もそこを目ざしているはずである。ところが，五段階評価はそれを真っこうから否定していることになる」（遠山啓）
　○「個人内評価」ひいては生活綴方からの批判　東井義雄（1912-1991），坂本光男☞「教育と生活の結合」論の系譜
　　～「一学期の『3』よりは二学期の『3』には質の高まりがあるはずだ。このちがいを，同じ『3』の中に見よという方が無理ではないか」「私は，成績を数字であらわすことには，相対評価であろうと絶対評価であろうと反対したい」（東井義雄）cf. 東井義雄『「通信簿」の改造』明治図書，1967年，八鹿小学校の校長時代の取り組み⇒子どもを発達的に全面的に把握しようとする「個人内評価（その有効な方法論としての自己評価）」の積極面。
③「目標に準拠した評価（到達度評価）」と「個人内評価」の結合論へ
　☞鹿毛雅治「考えることの評価と教育実践」若き認知心理学者の会編『認知心理学者　教育評価を語る』北大路書房，1996年⇐鹿毛雅治「到達度評価が児童の内発的動機づけに及ぼす効果」『教育心理学研究』41，1993年～「到達度評価をするかしないか」と「教師のみが評価するか，児童自身も評価するか」という二つの次元を組み合わせた調査（小学校5年生の算数授業）が行われた。その結果は「『到達度・自己評価』のように，評価基準が学習内容とのかかわりで示されつつ，評価過程に学習者が積極的に関与できるような評価のあり方が，考えようとする態度を育成する可能性がある」と報告。
　☞中内敏夫「既存のものを組み合わせを変えることによって，新しいものを創り出すことができるんだね」と評価。cf.「ブリコラージュ（bricolage）（器用仕事）～『創作はつねに構成要素の新しい配列に帰する』」（p.27）の発想☞クロード・レヴィ゠ストロース『野生の思考』1976年，みすず書房（原著1962年）。
　☞二つの評価論の結合をめざす二つの契機⇐二項対立の克服（ⅰ）目標準拠 vs ゴールフリー，（ⅱ）結果 vs プロセス，（ⅲ）外的 vs 内的，（ⅳ）量 vs 質

【2】「素朴概念（naive concept）」研究から～兵教大時代の「授業研究」の成果（おもに算数教育の単元レベルの授業設計⇒日中米の学力比較調査研究）
（1）中屋敷史生君（当時宮崎市立檍小学校）との共同研究（小学校4年生理科「電気や光のはたらき」の授業づくり）**資料3**→R. オズボーン＆P. フライバーグ編，森本信也＆堀哲夫訳『子ども達はいかに科学理論を構成するか』東洋館出版社，1988年との出会い〈堀ファン〉。なお，教育心理学分野では細谷純（『教科学習の心理学』中央法規，1996年）に着目。cf.「素朴概念≒強固な生活的概念で変換不可能」とは「子どもや，子どもばかりでなく初学者が学習を始める以前からもっていたり，学

習を始めて以後にもったりすることのある主として自然現象に関する知識で，習熟した者（expert）からは通常正しくないとみなされる概念」所澤潤「『わかる』ことと『学ぶ』こと」滝沢武久・東洋編『応用心理学講座9　教授・学習の行動科学』福村出版，1991年，p. 60。
⇒第31回日本教育方法学会筑波大学大会・課題研究「教育方法学研究における『知の枠組み』（パラダイム）の再構成」1995/9/30にて発表——仮説実験授業を凌駕する授業設計

◎学習観の転換（行動主義から**構成主義的学習観**）
「『詰め込み教育』の問題点は，『詰め込めない』こと」西林克彦『間違いだらけの学習論』新曜社，1994年，p. 157。
構成主義的学習観の特質
第1点は，「学び」の整合性，一貫性，安定性——子どもたちは，タブラ・ラサではなく，環境に対して選択的に関わりつつ意味を構成していく（sense making）存在である。
第2点は，「学び」のコンテキスト依存性——子どもたちは，自らが属する社会的文脈・生活的文脈において，有能に学び続ける存在である。
第3点は，「学び」における知識表現の多面性——子どもたちがある概念を真に保有するということは，その概念のラベルを単に暗記することではなく，その概念を多面的・多層的表現（イメージ，エピソードなどとリンクして）において把握することである。
第4点として，「学び」の組み換え性——子どもたちは，概念や知識を累積的に学ぶのではなく，科学知と生活知，学校知と日常知の関係を調節し，組み換えつつ学ぶ存在である。
Cf.「つまずき」観の深化
東井義雄「子どもはつまずきの天才である」『学習のつまずきと学力』明治図書，1958年。
○『つまずきをなくす授業』——つまずきは本来起こってはならないと考え，つまずきを即時に修正の対象とするため，「なくす」ことが自己目的となって，指導の効率性のみが強調される段階。
○『つまずきを教師が生かす授業』——つまずきを指導上の重要な契機ととらえ，つまずきを仕組む授業によって学力形成を確かなものにしようとするが，生かす主体が教師にとどまっていて，子どもたちの学習の実相に肉薄していない段階。
◎『**つまずきを教師と子どもたちが共に生かす授業**』——つまずきを教師と共に子どもたちが共同して自覚的に克服しようとする段階。そこでは，自分の進歩やつまずき（今までの考え方がどのように変化または前進したのか，自分は何ができるようになって，まだ何ができないのか）を確認するとともに，授業場面でも「わからなかったこと」を積極的に発言できる場面づくり，学習集団内

で対立・分化したつまずきを学習課題化する取り組みなどが行われる。

(2) イギリスで 1996 年に設立された ARG (Assessment Reform Group) の取り組み
「形成的アセスメント」の特質は、「フィードバックの有無にではなく、フィードバックが学習支援や改善に結びついているかどうかにある」(p. 187) とされ、「学習者当人の学力や学習状況に即した判断がなされて、はじめて評価は学習支援や改善につながることができる」二宮衆一「イギリスにおける『学習のための評価』による形成的評価の再構築」田中耕治編著『グローバル化時代の教育評価改革―日本・アジア・欧米を結ぶ―』日本標準, 2016 年所載, pp. 187-189。
「(ブルームの) 形成的評価は、教師主導という色彩が強いが、形成的アセスメントは、子どもの学びを教師だけでなく子ども自身にも評価させるという違いがあると言えよう」シャーリー・クラーク著、安藤輝次訳『アクティブラーニングのための学習評価法―形成的アセスメントの実践的方法―』関西大学出版部, 2016 年, p. 220。

(3) 「形成的評価」に自己評価を位置づける教育評価論の定式化→「『表現』を基礎にした形成的評価 (Performance-Based-Evaluation)」と命名
「それは、教師にとっては、子どもたちの『学び』の実相を深く診断するものであるとともに、それ自体が『学び』を活性化させる指導方法の一環となる。子どもたちは、その評価方法に参加する中で、自らの『学び』を自己評価するとともに、より深く多層的な理解を得ることができるようになる。換言すれば、『楽しい評価』を形容矛盾とする呪縛を解き放ち、それを文字通り実現しようとするものである」『学力評価論入門』法政出版, 1996 年, p. 130。
ex.「仮想的教示法」「比喩的・図式的説明法」「作問法」など☞庄司和晃 (1929-2015) は、「教育というのは自分自身がスバラシクナッタという自覚を子どもにたえずもたせる仕事だ」として、そのために「子どもが自分で自分を評価しやすいようなてだてを講じてやること」つまり自己評価のさまざまな方法 (「仮想方法による説明法」「マンガかきメソッド」「糸たぐりメソッド」など) を提案しているのはきわめて興味深い。庄司和晃『仮説実験授業』国土社, 1965 年, pp. 143-151。以上、兵教大での【1】と【2】までの成果を『学力評価論入門』でまとめ、京都大学に赴任。「到達度評価」学派との論争 (『〈教育と社会〉研究』第 7 号、第 8 号、1997 年、1998 年参照)。

【3】「アメリカにおける教育評価」の研究から
―「真正の評価」論に逢着

外国研究への警鐘「送迎展示方式」――「ⓐ学界の主要な関心は、欧米先進諸国の新しい思想・学説をいち早く『輸入』し『紹介』することにありⓑ現場 (特に附属など) の主要な関心は、そこに新しい教育実践の方法や示唆を求めるということにあった。そこから、学界には、新旧思潮を『送迎』し、これを書物や講座に『展示』する方式が広く行われ、他方、現場においては、新しい動向に『飛び付き』、そして『捨て去る』とい

う風習が生まれた」森昭「教育思潮研究と教育思想」森昭編『現代教育思潮』第一法規，1969年所収，p.34。(現代中国において「後発外啓」という言葉が使用されています。項純『現代中国における教育評価改革』日本標準，2013年より)⇒〈日本の教育実践史に確かな根付きを求める〉〈紹介された思想・学説の来歴や帰趨を追うこと〉〈紹介された教育思想・学説に基づく典型的な実践事例を把握すること☞翻訳作業〉〈実践現場との相互互恵関係の中で，教育実践への適応（外国語・カタカナ語の有効性)〉～グローバル化の中で問われるべきは，アジアの中の日本の特質。

(1) ポートフォリオの紹介（共）→兵庫県口吉川小学校（山崎啓二校長）──総合学習の評価？
　　→担当「**ポートフォリオ法**」pp. 127-129。宮本健市郎・田中耕治・名須川知子「アメリカ進歩主義学校の現在─シカゴ及びニューヨークの学校を訪ねて─」pp. 123-140。兵庫教育大学学校教育研究センター紀要『学校教育学研究』第10巻，1998年3月所収。～クロウ・アイランド小学校のHebert, E. A. 校長⇒「真正の評価」と邂逅（B. D. シャクリーほか著，田中耕治監訳『ポートフォリオをデザインする』ミネルヴァ書房，2001年の中で）。Cf. 1999年はポートフォリオ元年，☞**大村はまの「学習記録」実践に源流**

(2) ブルーム学派の発展としてのOBE（とくにGuskey）の展開
　　ブルーム学派の展開
　　Guskey, T. R. (ed.). *Benjamin S. Bloom Portraits of an Educator.* Rowman & Littlefield Education, 2006. 著作目録参照。
　　　［ブルーム（1913-1999）の時代（The Bloom Period）］
　　　［ブルームの教え子の時代（The Bloom's Students Period）］
　　　［ネットワークの時代（Network Period）］
　　　　Outcome-Based Education（OBE）という包括的な方針の下に全米各地の研究者・実践家が結集する。その際，Mastery Learningの考え方は，その基軸の役割を担うことになる。(1980年代-1990年代) cf. 機関誌 *OUTCOMES* の発刊，ジョンソン・シティの訪問。
　　　〈OBEの基本原理〉──ジョンソン・シティのスローガン
　　　　　All students can learn and succeed.
　　　　　Success breeds success.
　　　　　Schools control the conditions of success.
　　☞「フロー経験＝学習の自己決定者としての子どもの存在」と『**学力の質的検討**』と『**学習の主体性**』から学力保障を吟味さらには校区単位での実践　**資料4**
　　☞拙稿「OBEの現状と課題─アメリカにおける学力保障論の展開─」pp. 71-92。稲葉宏雄編著『教育方法学の再構築』あゆみ出版，1995年所載において，「真なる評価（authentic assessment）」(p. 88)として紹介。cf. 澤田稔による秀逸な動向紹介。澤田稔「アメリカ合衆国における教育方法改革の最前線」松浦義満・西

川信廣編著『教育のパラダイム転換』福村出版，1997年所載。
(3)「真正の評価」論
　〈1〉「真正の評価」論を状況論の文脈でなく目標準拠の文脈で理解する（「オーセンティックアセスメントとはどのような評価方法か」pp. 4-7。日本理科教育学会編『理科の教育』No. 593, 2001年）。→ウィギンズ（Wiggins, G.）に着目
　〈2〉「真正の評価」論の本質は「質」と「参加」の保障である（ダイアン・ハート著，田中耕治監訳『パフォーマンス評価入門－「真正の評価」論からの提案』ミネルヴァ書房，2012年。拙稿「監訳者による解説」pp. 153-173）。
　「質」－真正性－「親密さ（relevance）」と「困難さ（rigor）」と把握することで，授業における活動主義と網羅主義を回避できる（ニューマンの見解）←「切実さ」論争から着想
　「**参加**」（社会的参加概念アンガージュマンを含め，ステイクホルダーの登場を促す）
　──モデレーション（教育課程の民主編成の具体化）
　〈3〉「真正の評価」論のポイント
　　　　①評価の文脈が「真正性」をもっていること。
　　　　　親しみやすさと高度な学力の質を要求する評価課題──パフォーマンス評価
　　　　②学習の構成的契機に着目すること。
　　　　　子どもたちへの有能感に基づいて，学習の「組み換え」性を重視
　　　　③評価は教師と子どもとの，さらには保護者も含む共同作業であること。
　　　　　子どもたちが「評価」に参加（stakeholder），評価規準・基準の透明性
　　　　④評価は学習の結果だけでなくプロセスを重視すること。
　　　　　子どもたちの「葛藤」を写し取るような評価法の工夫
　　　　⑤学習した成果を表現する方法を子どもたちも選択できること。
　　　　　学力の表現形態（わかることの意味）の深化
　　　　⑥評価は自己評価を促すものでなくてはならないこと。
　　　　⑦外的評価と内的評価の相互環流の中で「自己評価」を形成すること。

4　今後の研究課題

「真正の評価」論の精緻化
　　──教育目標のスタンダード論～「質と平等（同質性と異質性を含む）」「共通性と多様性」
　　──学力論～「確かな基本性（習得）なくして豊かな発展性（習熟）なし」基本性と発展性のつなぎ，情意目標
　　──評価制度論～入試改革論（選抜試験から資格試験へ），指導要録，通知表の在り方
基礎研究のテーマ
〈1〉「教育評価 evaluation」概念の登場の経緯──教育評価のシカゴ学派の系譜
〈2〉教育評価としての「教育実践記録」論──アイスナー研究と同調─質的評価論
〈3〉戦後日本教育実践史──学力論，授業論の探究

☞ Cf. 西岡加名恵監修『アクティブ・ラーニング　調べ学習編』PHP，2017年。

おわりに
◎「**後世　畏るべし。焉（いず）くんぞ　来者の今に敷かざるを知らんや。四十五十にして聞こゆること無くんば，斯れ亦（ま）た畏るるにたらざるのみ**」（孔子『論語』）

　「**後輩や若者こそ畏敬すべきだ。未来の人間である彼らがどうして現在の人間より劣るとわかるのか。しかし，（その若者とて）四十五十になっても，何の名声も得られないようなら，これまたいっこう畏敬するに値しない**」（井波律子訳『完訳論語』岩波書店，2016年，pp.260-261）

第Ⅱ部

最終講義への道程

第1章 「学び」をとらえる形成的評価の試み
―「素朴概念」に着目した授業づくり
（小学校4年生理科『電気や光のはたらき』）に即して―

はじめに

　教育実践における教育評価の役割を自覚的に問い直すことによって，教育実践を深部から改善しようとする研究が顕在化してくるのは，わが国においては，1970年代の中頃からである。形成的評価論は，この研究動向を授業実践において典型化，具体化しようとしたものである。小論では，形成的評価論の今日的な課題と展望を，この間取り組んできた授業づくりに即して，述べてみたい[1]。

1. 教育評価構造の転換

(1) 形成的評価論の意義

　形成的評価論の意義は，次の3点に概括することができる。そのひとつは，「学力保障の立場」である。これは，「すべての子どもたちに確かな学力を保障すること」であり，伝達可能な「目標の共有化」を行うことである。しかし，この立場は「制度化された知」をア・プリオリに認定・配分することではなく，この公共社会の主権者としてよりよく生きるのに必要な文化内容の選択を通じて，さらには転換期に生きる子どもたちに「生きる」ことを励まし太らす文化内容の創造を通じて，目標を設定すること（「共有の目標化」）を前提としている。だからこそ，このようにして設定された目標は，現代の人権事項のひとつとして，すべての子どもたちに保障されなくてはな

らないのである。

　二つめに,「リアリズムの立場」があげられる。一般に,教育実践の本質とは,自らが信ずる教育的価値（具体的には,子ども像や学力像として教師たちによって意識化されているもの）を実現していく,ロマンあふれるホットな行為である。しかし,このことは,時として,その実現過程またはその結果をリアルにクールに診断するということを怠り,「教えたはず」「教えたつもり」という程度の認識で実践が推移することが起こる。すると,このような教育実践は確実に空洞化し始めるのである。形成的評価論は,目標が明確な評価行為によって,授業実践にリアリズムを貫こうとするのである。

　しかしながら,教育実践をリアルにクールに診断するといっても,それはあくまでも教育的関係性の中で実施されるものであり,その目的は指導と学習に反省的契機を与えることである。

　形成的評価論の三つめの意義は,この「実践改善の立場」である。従来の教育評価では,実践の最後にのみ評価を実施していたが（子どもたちの「ネブミ」行為としての評価であれば,これで十分だった）,実践を改善しようとすれば,実践の開始時に「診断的評価」を行うとともに,実践過程でも評価行為を機能させる「形成的評価」を実施することが求められる。そして,実践の終わりには学力の総合性・発展性を評価する「総括的評価」が行われるのである。

(2) 形成的評価論の今日的課題

　ところで,この形成的評価論に対しては,「つめこみ教育」「目標つぶしの授業」さらには「形成的評価とは,指導の効率化を求めて,その成果の定着をたんに点検する技法」であるとの批判が,早くからなされていた。これらの批判の中には,明らかに形成的評価論への誤解や偏見に基づくものもあった。しかし,形成的評価論の初期の実践の中には（それは理論化の未熟さの反映であるが）,このような批判を呼び込む弱点があったことも否めない。

その理論化の未熟さとは，ひとつには「形成的評価」を創始したブルームの初発論文（「習得の学習」1968 年）にあった，「行動主義」に基づく「プログラム学習」の残滓である[2]。もうひとつは，「教育実践における目標の規定性」に対する機械的な理解があったことである[3]。

　その結果，「わかる授業づくり」が，教師がそのように考える「よい目標」をひたすらに「わからせる授業」に陥る危険性をもっていたのである。

　これらの問題点は，形成的評価論の意義として指摘した「学力保障の立場」「リアリズムの立場」「実践改善の立場」をより徹底することによって，内在的に克服することが可能なものである。事実，ブルーム以降その立場を継承・発展させたアメリカにおける OBE（Outcome-Based Education）の動向，またわが国の動向には，明らかに理論的・実践的な進展がみられる[4]。

　筆者は，これらの進展方向を概括しさらに推し進めるために，また歴史的な展望にたって，形成的評価論の基礎にある教育評価観として，「到達度評価と個人内評価の内在的な結合」という立場を主張したい。周知のように，形成的評価論の基礎にある教育評価観は，「到達度評価」として理解されてきた。しかし，この間の「到達度評価」論争の総括[5]をふまえ，さらには東井義雄や庄司和晃らの積極的な遺産[6]を継承・発展させるためには，「到達度評価と個人内評価の内在的な結合」という立場がより妥当性が高いと考える。そして，この立場こそ，戦後の選抜型競争社会を下支えしてきた「相対評価と個人内評価の接合」という評価の二重構造[7]を根本より転換する方向となるであろう。

　この小論のテーマにいう「学びをとらえる形成的評価」とは，この立場を象徴化したものである。そこでは，子どもたちの「学び」の実相をより深く把握するとともに，「学び」の課題を文字通り子どもたちが主体的に取り組むことを励ます「教え」の質が要求されるのである。

　授業で生じる「つまずき」を例に取れば，以上のことは，「つまずき」を単なる「修正」の対象とみなす「つまずきをなくす授業づくり」から，子ど

もたちの「つまずき」を指導の反省や工夫の契機とする「つまずきを教師が生かす授業づくり」を経て,「つまずき」の深層を把握して,子どもたちによる自覚的な克服を促す「つまずきを教師と子どもたちが共に生かす授業づくり」へと進展してきた経緯に対応している[8]。

2．「素朴概念」に着目した授業設計

(1)「学び」のモデル化と「素朴概念」

1990年代になって,わが国の理科教育分野で本格的な検討対象となる「素朴概念(naive concept)」研究の成果は,「学びをとらえる形成的評価」の立場にとって,きわめて示唆に富むものである。そこで,まず「素朴概念」を提起するに至る「構成主義」が,「学び」の実相をいかにモデル化(ex.「生成的学習モデル(generative learning)」[9])しているのかを次の4点に整理しておきたい。

①「学び」の整合性・一貫性・安定性
　子どもたちは,タブラ・ラサではなく,環境に対して選択的に関わりつつ意味を構成していく(sense making)存在である。
②「学び」のコンテキスト依存性
　子どもたちは,自らが属する社会的文脈・生活的文脈において,有能に学び続ける存在である。
③「学び」における知識表現の多面性
　子どもたちがある概念を真に保有するということは,その概念のラベルをたんに暗記することではなく,その概念を多面的・多層的な表現(イメージ,エピソードなどとリンク[10])において把握することである。
④「学び」の組み換え性
　子どもたちは,概念や知識を累積的に学ぶのではなく,科学知と生活

知，学校知と日常知の関係を調節し，組み換えつつ学ぶ存在である。

　「素朴概念」とは，この「学び」のモデル化で指摘した特質（とりわけ①②）から派生するものであって，「子どもや，子どもばかりでなく初学者が学習を始める以前からもっていたり，学習を始めて以後にもったりすることのある主として自然現象に関する知識で，習熟した者（expert）からは通常正しくないとみなされる概念」と規定される[11]。そして，この「素朴概念」は，子どもたちの生活知・日常知と適合しているために，また科学史上に現れた旧理論とも類似していることから，きわめて安定性が高く，「素朴概念」の存在を軽視・無視した従来の理科教育の方法では，変換不可能とされているものである。ちなみに，この概念に相当する用語として，「プリコンセプション」「ミスコンセプション」「オールタナティブ・フレームワーク」「子どもの科学（children's science）」「ミニ理論」などが使用される[12]が，その命名法には先述した「つまずき」論の深化に対応した立場の相違が明らかに反映している。

　ところで，「素朴概念」研究の一般的な動向は，「素朴概念」の種類と変換不可能性を指摘するものが多く，この分野での先駆的な研究であるオズボーン（Osborne, R.）たちも，本研究の対象である「電流」の「方向性（→『衝突説』—プラス極とマイナス極の両方から電流が流れて，豆電球のところで衝突すると考えること—）」「保存性（→『消費説』—プラス極のほうが電流の量が多い。なぜなら豆電球で電流が消費されるので，マイナス極では電流の量は減ると考えること—）」について，授業直後には変換できたと思えても1年後には「素朴概念」が残存または復活していたという調査結果を発表している[13]。たしかに，これらの調査・研究から「素朴概念」の所在に関する知見を豊かにすることはできる。しかし，これらの研究では，授業実践の事実が充分に語られておらず（または分析対象とされておらず），いわば授業実践がブラックボックス化されたうえで「素朴概念」の変換不可能性が強調されても，説

得力に乏しいと言えよう。

　この「授業実践のブラックボックス化」問題は，研究関心の有無や研究数の多寡というレベルの問題ではなく，より本質的には先に整理した「構成主義」に基づく「学び」のモデル化が内包する課題と考えたい。なぜならば，「素朴概念」の変換不可能性という事態は，むしろ「学びの個性化・個別化」を導く根拠とされており，それでは「学び」のコンテキスト依存性は状況埋没に陥り，「学び」の共約不可能性や孤立化を招く危険性があるからである。この「学び」のモデル化を鍛え，転移可能な「学び」の質を保持するためには，「共有の目標化と目標の共有化」の視点があらためて重視されるべきであるし，それこそ「学びをとらえる形成的評価」の立場と通底するのである。

（2）概念転換の可能性

　たしかに子どもたちの生活知・日常知と適合している「素朴概念」の組み換えを行うことは，かなりの抵抗（衝突無視や回避さらには「素朴概念」への馴化）を伴う。この点について，ポスナー（Posner, G. J.）たちは，概念転換の条件として，「既存の概念に対する不満（dissatisfaction）」（変則例の提示），「理解可能な（intelligible）新しい概念」（メタファ・アナロジーと典型例による提示），「新しい概念のもっともらしさ（plausibility）」（他の理論・経験との適合性），「新しい概念の生産性（fruitfulness）」（新領域に適応可能で，有用性を自覚）の4条件を挙げている[14]。筆者たちは，このような提案にも学びながら，「素朴概念」の転換を可能にする授業仮説を以下のように考えた[15]。

　まず第一点は，「素朴概念」の自覚化と交流・共有を行うことである。「つまずき」論のところで既述したように，子どもたちの「つまずき」を克服するためには，何よりもその所在の自覚が必要であり，そのためにも学習集団による「素朴概念」の交流・共有が求められる。その際，このコミュニケーション過程は，いたずらに他者の「素朴概念」を論破することで自らの「素朴概念」を逆に強化することにならないように，基本的には「素朴概念」の

学習集団内部における類型化を目標とした。この「素朴概念」の自覚化と交流・共有は，その後の授業への期待を高めるとともに，「自己評価」に貴重な素材を提供することになる。

次に着眼した点は，認知的葛藤の二つの様相[16]に即して，授業のストラテジーを組織することである。そのひとつの様相は，「素朴概念と変則例（観察や実験によって提示される『素朴概念』にとって予想外な事例）」の葛藤である。従来の理科授業では，この葛藤によって，概念の組み換えが起こると考えられていた。たとえば，「衝突説」を解決するには，「モーター」を使用して，プラス・マイナスを逆につなぐと回転も逆になることから，その説を否定しようとした。また，「消費説」に対しては，「検流計」を用いて電流の量は同じであることを理解させようとした。

しかし，「ものが衝突すると光を発する」という「素朴概念」をもつ子どもたちにとって，「モーター」で妥当したことは「豆電球」にも適合するとは考えにくい。また，「検流計」で電流の保存を示されたとしても，それでは「なぜ明かりがつくのか」「乾電池がなくならないのはなぜか」という「素朴概念」に基づく疑問を解消することは難しい。つまり，「素朴概念と科学的概念」というもうひとつの認知的葛藤を解決するための理解可能で納得のいく説明，子どもたちの「素朴概念」を適切に位置づける説明が必要とされるのである。

この場合，前者の「衝突＝発光」説を解決するためには，「発光ダイオード」を使用して，その「一方向説」を習得させようとした。また，後者に関しては，各種考案されている電気回路モデル（「水流モデル」「群移動モデル」「粒子モデル」「ワゴンモデル」）を検討して，後の直列・並列問題にも適応可能な「粒子モデル」を採用して，その解決をめざした。とくに，アナログ（既知の概念）とターゲット（未知の概念）の間に類似性を見いだす「アナロジーの活用とその有効性」[17]を確認しようとしたことが，三つめの授業仮説である。そして，以上の三点の授業仮説を視野にいれて，「形成的評価の方

法の工夫」を行うことが，四番目の授業仮説となる。この点は，改めて述べてみたい。

3．「表現」を基礎にした形成的評価の試み

「エバリュエーション」概念を提起したタイラー (Tyler, R. W.) は，「8年研究」の指導的な論文[18]において，評価方法の開発は単なる技術的な問題ではなく，進歩主義教育の持続的な改良にとって本質的な営為であると結んでいる。しかしながら，「よい目標」と「すぐれた授業」が目的であって，評価方法の開発は単なる手段とみなす心性や慣行が支配的な状況では，この提起はなかなか受容されることはなかった。その結果，実際の評価方法においては，知識の記憶の有無のみを評価対象とする画一的な方法が横行して，評価行為自体が教育実践と隔絶して一種の儀式化の様相を帯びていたのである。まして，「素朴概念」に着目する本授業では，「素朴概念」の所在を確かめ，子どもたちの自己評価を促し，「素朴概念」の長期にわたる克服を検証するための評価のあり方が，本格的に問われる必要があった。

やや結論を急ぐとして，タイラーの提起を積極的に継承し，「学び」のモデル化に対応する評価方法として，「表現を基礎にした形成的評価」を主張したい。それは，教師にとっては，子どもたちの「学び」の実相を深く診断するものであるとともに，それ自体が「学び」を活性化させる指導方法の一環となる。子どもたちは，その評価方法に参加する中で，自らの「学び」を自己評価するとともに，より深く多層的な理解を得ることができるのである。換言すれば，「楽しい評価」を形容矛盾とする呪縛を解き放ち，それを文字通り実現しようとするものである。

本授業では，「状況説明法」「描画法」「概念地図法」「事例面接法」「モニタリング法」を試み[19]，さらに半年後に概念転換の様相を明らかにする「総括的評価」を実施（その結果，「素朴概念」の転換が確認された）した。し

かし，この分野の本格的な研究は，端緒についたばかりであり，「学びをとらえる形成的評価」の実現のためには必須の領域となっている。

注
(1) 本授業の詳細は，発表当日配布した田中耕治・中屋敷史生（宮崎市立檍小学校）『授業実践基礎資料』参照。
(2) 拙稿「マスタリー・ラーニングにもとづくカリキュラムと授業の構想―回顧と展望―」杉浦美朗編著『教育方法の諸相』日本教育研究センター，1993年参照。
(3) 拙稿「戦後授業研究史覚え書き」グループ・ディダクティカ編『学びのための授業論』勁草書房，1994年参照。
(4) 拙稿「OBEの現状と課題―アメリカにおける学力保障論の展開―」稲葉宏雄編『教育方法学の再構築』あゆみ出版，1995年，中内敏夫『指導過程と学習形態の理論』明治図書，1985年，梶田叡一『教育評価（第2版）』有斐閣，1992年など参照。
(5) たとえば，次の文献を参照。平野朝久「『目標にとらわれない評価（goal-free evaluation）』についての一考察」『教育方法学研究』No.7, 1981年。吉本均ほか編著『達成目標を明確にした授業づくり入門』明治図書，1982年。
(6) 東井義雄「数字には換算できない」『現代教育科学』1961年3月号。庄司和晃『仮説実験授業』国土社，1965年参照。
(7) 拙稿「児童指導要録研究の成果と課題」兵庫教育大学教育方法講座紀要『授業の探究』第2号，1991年参照。
(8) 拙稿「授業づくりの基礎・基本」『女子体育』1995年1月号。拙稿「子どもたちの自己決定権を尊重すること」『授業研究』21, 1995年1月号参照。
(9) R. オズボーン＆P. フライバーグ編，森本信也＆堀哲夫訳『子ども達はいかに科学理論を構成するか』東洋館出版社，1988年の第7章参照。
(10) R. T. ホワイト，堀哲夫・森本信也訳『子ども達は理科をいかに学習し教師はいかに教えるか』東洋館出版社，1990年参照。
(11) 所澤潤「『わかる』ことと『学ぶ』こと」滝沢武久・東洋編『応用心理学講座9　教授・学習の行動科学』福村出版，1991年，p. 60。
(12) 堀哲夫「子どもの素朴概念」『理科の教育』1995年4月号。
(13) R. オズボーン＆P. フライバーグ編，前掲書第10章。
(14) ストライク／ポスナー（Strike, K. A., Posner, G. J.）「概念転換として見た学習と理解」ウェスト／パインズ，進藤公夫監訳『認知構造と概念転換』東洋館出版社，1994年。
(15) 対象学年，教材配列，アナロジーの相違はあるが，次に示す堀哲夫氏の研究を参照した。堀哲夫・深沢佳人・佐藤正人「プリコンセプションから科学的概念の構成へ―電気回路を事例にして―」『山梨大学教育学部附属教育実践研究指導センター研究紀要』2, 1994年。

⒃ Hashweh, M. Z., "Toward an explanation of conceptual change", *European Journal of Science Education*, Vol. 8, No. 3 参照。
⒄ ショーン M. グリン「科学概念の説明：アナロジーによる教授モデル」ショーン M. グリンほか編，武村重和監訳『理科学習の心理学』東洋館出版社，1993 年参照。
⒅ Tyler, R. W., "Evaluation: a Challenge to Progressive Education", *Educational Research Bulletin*, XIV, No.1 (1935).
⒆ リチャード・ホワイト／リチャード・ガンストン，中山迅・稲垣成哲監訳『子どもの学びを探る』東洋館出版社，1995 年参照。

初出文献：吉本均代表『教育方法学研究における「知の枠組み」（パラダイム）に関する学際的・総合的研究―戦後授業観の総括と 21 世紀教育への展望―』科学研究費補助金研究成果最終報告，1996 年，pp. 118-123。

第 2 章　OBE の現状と課題
―アメリカにおける学力保障論の展開―

はじめに

　OBE（Outcome-Based Education）とは，ブルーム（Bloom, B. S.）が1968年に提唱したマスタリー・ラーニング論（論文名 Learning for Mastery, *UCLA Evaluation Comment* 所収）を基盤にして，1980 年代に成立してくるアメリカにおける学力保障論のひとつの系譜である。

　その直接の成立事情は，マスタリー・ラーニング論に基づく地域単位での教育改革に実績をあげていたニューヨークのジョンソン・シティの当時の教育長チャンプリン（Champlin, J.）が，各地の同様の実践家たちとネットワークを組むことを意図して開催した会合（1980年１月シカゴ）を出発点としている。もちろん，この会合の開催には，OBE の事実上のコーディネーターとなる教育社会学者のスパディ（Spady, W. G.）やブルームの教え子であるブロック（Block, J. H.）たちも積極的な役割を果たした。

　この OBE の成立は，事実上，1983 年のレポート（A Nation at Risk）によって本格化する国家規模の教育改革運動への対応という側面をもち，マスタリー・ラーニング論を「実験」研究（experimental research）や教室内実践のレベルから「実践」研究（implementation study）や学校・地域実践のレベルにまで飛躍させることが意図されていた。ジョンソン・シティは，そのモデルケース（後述）を提供することになる。ブロックたちが，マスタリー・ラーニング研究の初期に出版した著作名が *Mastery Learning in Classroom Instruction*（1975 年）であるのに対して，OBE の成果を反映し

た著作名が *Building Effective Mastery Learning Schools*（1989年）となっているのは，この間の理論的発展の経緯を象徴している。

しかしながら，OBE が全米から教育実践家（校長や地方の教育行政官も含む）を結集し，機関誌 *OUTCOMES* や *QUALITY OUTCOMES-DRIVEN EDUCATION* の発刊や各レベル（地方，州，国）での講習会や交流会を活発に行い，無視できない力量を蓄積するようになると，とりわけ1990年代からOBEへの州単位の関心の増加とともに批判や反発も激しくなってくる。しかも，国家施策として「優秀性」を追究するナショナル・カリキュラムやナショナル・テストを促進する動向が強まることによって，学力保障を掲げるOBEは複雑な事態に巻き込まれようとしている。まさに，現在に至って，OBE の真価や有効性が焦眉の課題として問われ出したのである。

この小論では，以上の事態を受けて，まずOBEの理論的・実践的な特質や到達点を明らかにするとともに，まさに現在進行形でOBEが経験しつつある論争や困難点ならびにOBE内部の対応を紹介し，それらについて考察を加えたいと思う。この作業は，模倣すべき理想モデルを追究するというよりも，高度に発達した産業社会において学力保障論が直面している課題を共有し，その展望を共に切り拓こうとする営みとなるであろう[1]。

1．OBEの歴史的背景と成立根拠

ここではまずOBEの理論的な淵源であるタイラー（Tyler, R. W.）とブルームの貢献を概括したい。そのうえで，まさにOBEの成立を必然たらしめた事由を明らかにするために，OBEのオピニオン・リーダーであるスパディの所論やそのモデルケースとなったジョンソン・シティの実践をみてみたいと思う。

(1) OBE の理論的淵源

①ブルームの教え子であり，中学・高校の実践経験をもつガスキー（Guskey, T. R.）は，OBE に対する関心と批判の急速な高まりの中で，その誤解を引き起こしている OBE 内部の用語不統一の問題を自戒するとともに，OBE の真髄を理解するためには，まずはその理論的な遺産に着目すべきことを主張する（文献⑳）。ガスキーによれば，OBE の理論的淵源はすでに 1930 年代のタイラーの業績の中にあり，その後継者であるブルームによって発展させられたのである。

周知のように，タイラーは 1920 年代に全盛を迎えていた「教育測定運動」を否定的に媒介することによって，「教育評価（evaluation）」概念の確立，換言すれば「教育目標―教育評価」関係における教育目標の基準性の自覚化に尽力した（文献㉔）。その主張の特質は，「評価必要悪」論に立つのでもなく，「評価なき教育」を夢想するのでもなく，評価行為の教育実践に対する規定力を教育的な価値を実現する方向でコントロールしようとしたことにある。つまり，評価行為を教育実践の改善のために機能させようとしたのである。

そのための具体的な提案として，評価基準としての教育目標は，高次の精神活動（推論とか科学の方法といった認知面のみならず，関心・態度といった情意面も含む）を射程に入れた目標群であるべきこと。さらには，この教育目標は，たんに教師の教育意図を提示するのではなく，その実現の様相を明示する生徒の「行動」で記述すべきこと。ひるがえって，そのような目標実現の度合いを知るためには多様な評価方法が工夫されなくてはならないと主張した。後に「タイラー原理」として有名になる次の四つの問い（文献㉞）は，以上の点をふまえてカリキュラムと授業の設計の基本的な方略（全体性と一貫性）を示している。「学校はどのような教育目標を達成するよう要求すべきか」「この目標を達成するためにどのような教育的経験が提供されるべ

か」「これらの教育的経験はどのように効果的に組織されるべきか」「この目標が達成されたかどうかどのように決めるのか」，以上である。

　②ブルームが，その頭角を現すことになる「教育目標の分類学」(Handbook I, 1956年, Handbook II, 1964年) の提起では，タイラーに学んで教育目標を内容と行動のマトリックスで規定するとともに，認知領域における「複雑性の原理」，情意領域における「内面化」の原理に従って教育目標を低次から高次へのヒエラルキカルな構造として把握するに至っている。しかしながら，この分類学の提起では理論的な基礎を提供してはいるが，1968年に学力保障を自覚的に打ち出すことになるマスタリー・ラーニング論の発想を読み取ることは困難である。そのためには，「機会の平等」（形式的平等）から「成果の平等」（実質的平等）へと平等概念のパラダイム転換を推進していた公民権運動へのブルーム自身の参加という，当事者経験が介在しなくてはならなかったのである。

　ブルームによるマスタリー・ラーニング論の何よりの特質は，一方で平等概念への執拗な攻撃の根拠となっていた社会ダーウィニズムとその科学的根拠とされた「正規分布」曲線に対する反駁を行うとともに，「成果の平等」を何よりも授業改革によって実現が可能であると主張したところにある。そして，この授業改革のひとつの重要な方略として，マスタリー・ラーニングが提唱されたのである。その特徴は，ⓐ教育目標の明細化と系統化を行うこと，ⓑ形成的評価を実施し，その情報を教師の授業改善と子どもたちの学習活動の改善に役立てること，ⓒ形成的評価の結果，必要に応じて回復学習と発展学習が組織されること，と整理できよう。

　OBE の信念として語られる次の三つの前提には，とりわけブルームの影響が強く表れている（文献⑬）。「すべての生徒は，学校のカリキュラムを学ぶことができる」「学校では，学習の成功が次の学習の成功を生み出す」「学校それ自体が，学習を成功させる諸条件をコントロールする」，以上である。OBE は，明らかにタイラーからブルームに至る理論的な遺産に依拠しなが

ら，しかし次にみるような事由によって，その成立を宣言するのである。

(2) OBE の成立

①スパディが1969年にブロックからマスタリー・ラーニング論を紹介されたとき，その理論に「畏怖」と「(実践可能性に対する) 懐疑」というアンビバレントな感情をもったと述懐している（文献㉚）。その理由は，この理論が「成績（grade）と証明（credential）」という教育システムのかなめ石ひいては社会システムの核心に，まさに変革を加えようとしていると理解したからである。マスタリー・ラーニングの提起は教育評価論を必然的な契機として内包することによって，授業改善に収束するひとつの理論ではなく，授業改善と学校・教育システムさらには社会システムの改革を同時に志向するという，きわめて困難な課題に挑戦するラディカルな理論として把握されたのである。ここには，補償教育論を教育社会学の立場から研究していたスパディの特徴がよく表れている。

現行の「成績と証明」パラダイムは，教師の主観的な，かつ学習態度や適性といったあいまいな評価基準を採用し，社会的弱者に結果的には不利になる競争と選別機構の中で，成績の時期を固定化（その結果，ある時期の失敗がその子どもの生涯を規定）するように機能している。これに対して，マスタリー・ラーニングが提起するパラダイム転換の指標とは，まず何よりも明確性をもつ，意義ある学習成果（outcomes）を事前に設定することである。そして，特定の時期ではなく生徒が究極的に学習の成功を明示（demonstrate）すること，しかもすべての生徒が高次の達成を明示することが重要なのである。そして，スパディはこの転換を真に実現するためには，ひとりの教師の善意と努力のみによっては不可能であることを看取したのである。

②このスパディの着想に実践的な裏付けを与えることになったのが，1971年から教育長にチャンプリンと教育次長にママリィ（Mamary, A.）を迎えたジョンソン・シティでの教育改革であった。ジョンソン・シティは，

小学校2校，中学校1校，高校1校からなる校区であり，すべてが「第1章」該当校（1982年制定の「教育に関する強化と改善のための法律」で補償教育の対象とされた学校）である。校区には，斜陽化した靴産業に従事する東欧系の移民に加えて，最近ではアジア系を含めて多様な移民が流入する，典型的な低所得者地域なのである。

　このジョンソン・シティの教育改革は，現在に至るまでにおよそ三段階を経過していると言われる（文献⑩）。まず，1972年からブルームの1968年論文に触発されて校区内の有志が実践を行う段階。次に，1976年ごろから，校区レベルで行政と実践家が協力し，マスタリー・ラーニングに基づく教授モデルを合意する段階。そして，1980年ごろから現在に至るまで，文字通りOBEネットワークのスポンサーとして，校区内の実践体制を確立する段階である。この教育改革の成果は，さまざまな具体的な指標（学力標準テストの成績や修了証書の獲得数など）によって示されているが，当初市内校区中最下位であった学力水準が，現在では州レベルの学力トップ校10%に入るまでになったことは象徴的であり，全米にその「偉業」が知られるようになったのである。

　このジョンソン・シティの教育改革の特徴は，もとよりマスタリー・ラーニング論を基盤にしているところであるが，さらにその理論の必然的な要請として学校・地域レベルの実践体制を確立したことにある。それは，ママリィが提唱したODDM（the Outcomes-Driven Developmental Model）として定式化（図1参照）され，普及していく。そこで強調されていることは，何よりも教育実践と教育行政に関わる全スタッフの意思決定への参加と合意を尊重すること。その際，この合意は専門的な研究の成果に依拠して行われること。そして，「すべての生徒はよく学ぶだろう」という使命の下に選択・構成された「成果（outcomes）」を基準にして教育実践や教育行政の成否が評価されるのである（文献㉟）。スパディの「懐疑」は，ここで氷解の見通しを得ることになったのである。

図1

```
                          研究の基礎
         心理学的基礎ーーーーー変革の指導者ーーーーー哲学的基礎
         行政上の支援         地域の支援          教師の支援
```

変化の過程	学校委員会への支援	教授過程
人員の成長	公的な支援	教育課程編成
対話	ネットワーク	学校実践
問題解決		教室実践
環境の改善		組織的構造

望ましい生徒の行動
(1) 学習者として人間として自己評価できること
(2) 低次から高次への認知能力をもつこと
(3) 自己決定のできる学習者になること
(4) 他の人々に関心をもつこと
(5) 問題解決能力，対話能力，意思決定力，責任能力，集団能力などの力量をもつこと

出典：Vickery, 1990.

③ところで，それではなぜ1980年に結成されたネットワークの名称が，「マスタリー・ラーニング」でなく「成果に基づく」となったのであろうか。もちろんその大きな理由は，ODDMに代表されるように，実質的な平等（成果の平等）を達成するための実践体制の確立を志向したからであると考えられる。しかし，より直接的な理由は，スパディが証言するように（文献㉜），初期の「マスタリー・ラーニング」の現場実践がきわめて貧相に行われた結果として，その名称を使用することで誤解が生じるという状況が生まれていたのである。

その「マスタリー・ラーニング」の実態とは，まず小学校段階の「読書」と「数学」に実践が限定されていたこと。他教科や中学校以上の段階での実践は皆無という状況であった（文献㉙）。このことは，「マスタリー・ラーニング」の適用範囲は，比較的に系統化が容易な「閉じた教科」に限定されるとともに，より低次の目標にのみ有効な方法（それも訓練主義的な方法）との印象を強く与えるものであった。

また，ママリィの証言にもあるように（文献㉕，㉖），ジョンソン・シ

ティにおいても，当初は「マスタリー・ラーニング」と行動目標に基づく「個別化教授」法との区別が不明確であり，なおかつ「マスタリー・ラーニング」を教師主導の「教え込み」実践と把握していたという。ODDMにある「望ましい生徒の行動」に「自己評価」「自立した学習者」などが掲げられたのは，その克服の結果だったのである。

以上の事態は，ブルームの1968年論文の真意が充分に理解されなかったという側面と同時に，この論文自体がプログラム学習との区別について自覚的ではなかったという弱点（文献 注(1)のd）をもっていたからであると考えられる。まさにOBEとは，この弱点を克服し，カリキュラム（outcomesとは何か）と授業（どのように実践するのか）と評価（どう評価するのか）のあり方を問おうとしたのである。

2．「成果」とカリキュラムの問題

ここでは，まずカリキュラム研究における「成果（outcomes）」の意義，ならびにその発展形態を明らかにしたい。そして，まさにこの「成果」の質をめぐって繰り広げられている最近の激しい論争を紹介し，「成果」の抱える今後の課題について考究したいと思う。

(1)「成果」の意味とその発展形態

① 「成果」に関するもっとも最近の規定は，「成果とは，ある文脈上で行われる意義ある学習（significant learning）を学習の終わりに高い質を保って明示すること（demonstrations）」（スパディ）となっている（文献㉝）。ここではこの規定の意味するところを読み解いてみたいと思う。

まず，OBEに関するカリキュラム入門書（文献⑭）によれば，そのカリキュラム規定は，「意図された学習成果を構造化したもの（a structured series of intended learner outcomes）」とされている。この規定は，カリキュラ

ムの意味内容を「地理とか歴史とかの教科コース」や「一次方程式や独立戦争などの教育内容」とするのでもなく，「教室内だけでなく実地見学や研究活動を含む計画された学習経験のすべて」または「潜在カリキュラムも含む学校での生徒の経験のすべて」とするのでもない。

　このOBEのカリキュラム規定は，他の規定と比較すると，まず「教科コース」や「教育内容」のみでなく，それが文字通り「学習成果」になるためには「明示」されることを必要とするという意味で，「広く」把握されている。

　他方，「学習経験のすべて」「学校経験のすべて」とするのではなく，「意図」と「構造化」を「成果」の必要条件にするという意味で，「狭く」把握されている。なぜならば，子どもたちの学習経験一般は自動的に構造化され，組織化された系統性をとらないと考えるからである。そして，もちろんこの「狭く」規定することによって，「教育目標と教育評価の一貫性（alignment）」を可能にし，子どもたちの学力保障を実質化できるからである。

　しかしながら，以上の限りにおいては，タイラーからブルームへと発展してきた教育目標論の枠内にある説明であって，あえて「成果」を強調する必要はない。このスパディの規定の真骨頂は，じつはその規定に「意義ある学習」という価値的志向性を含ませたことである。なぜならば，先に指摘したように，初期の「マスタリー・ラーニング」の実態があまりにも貧相なものであり，その「限界」が強く意識されていたからである。スパディは，次にみるように「意義ある成果（outcomes of significance）」という観点から，OBEの発展形態を概括しようとしている。

　ところで，この「価値的志向性」という論点に付加すれば，その点こそブルームの「教育目標の分類学」の弱点であったという指摘が，ブルームの教え子であるアンダーソン（Anderson, L. W.）からもなされるようになっている（文献④）。もちろん，アンダーソンは「分類学」の意義について，目標レベルと授業法の対応関係の解明や発問分析・テスト分析における「分類

図2 「成果」の山メタファ

〈変革的領域〉	・人生上の役割機能（指導者と組織者，集団成員と同伴者，援助者と貢献者，先生と相談相手，創造者と生産者，計画者と立案者，問題発見者と解決者，実行者と遂行者） ・複雑な役割演出（ex. 高次の自己決定，自己評価を行うこと）
〈過渡的領域〉	・複雑で非構造的な課題演示（ex. 自己決定すること，自己評価すること） ・高次の能力（ex. 意志決定のために複雑な情報を使用する，公衆と効果的に会話する）
〈伝統的領域〉	・構造化された課題演示（ex. ある出来事の説明文を書く，実験を行い，理論と照合する） ・個別的な内容の技能（ex. スペル習得のための読書，特定の数学操作の遂行）

出典：Spady, 1994.

学」の有効性，さらには教師教育での活用について雄弁に語っている。しかし，「分類学」は既存の目標分析には興味をもつが，いかなる目標を確立すべきかという点には無関心であり，むしろこの点については「価値自由」「価値中立性」という主張の背後に逃れていると批判している。ブルームの主張全体を「価値自由」と断定することには検討の余地があるが（文献　注（1）のb），教育目標の「内容」と「行動」の両面にわたって，その「価値的志向性」の自覚化を促したところに，次にみるスパディの整理の意義があったと言えよう。

②スパディは，OBEの発展形態を，「伝統的OBE」「過渡的OBE」「変革的OBE」の三段階─「山」のメタファで表現（図2参照）─で概括している（文献㉛, ㉝）。「伝統的OBE」とは，次の発展形態からみれば，厳密にはOBEとは呼べない。しかし，過去にOBEと称された実践（初期の「マスタリー・ラーニング」の実態）や今日のナショナル・カリキュラムの動向も，基本的にはこの「伝統的OBE」に属すると指摘する。

この「伝統的OBE」の特徴は，何よりも既存の教科カリキュラム・既存の学校システム（時間に制約されたカリキュラム，出席日数，評価・資格機構など）に無条件に依拠して，「成績」上昇をはかろうとするところにある。正確には，「CBO（Curriculum-Based Objectives）」と称すべきであるとスパディは述べている。その内容は，素朴単純な意味で「学力の優れた生徒」の

育成をめざして，個別的または構造化された教科の教育目標によって構成されているのである。

これに対して，「過渡的OBE」の特徴は，「高校卒業時点で生徒に必要とされる本質的な力量とは何か」という基本的な問いのもとに，孤立した単なる知識や情報ではなく，高次な能力（批判的思考力，効果的対話能力，複雑な問題解決能力，自己評価能力など）の形成をめざそうとするところにある。先述したジョンソン・シティの教育改革は，この「過渡的OBE」の典型例のひとつとしてあげられている。「山メタファ」では，その「成果」の質的相違から，さらに二段階に区別されている。

「変革的OBE」は文字通りOBEの最高形態であって，高校の卒業要件という，いまだ既存の条件に規定されているという状態を脱して，21世紀の社会を展望して，「能力ある未来の市民」その「役割遂行（Role Performance）」という観点から，「成果」を導出しようとする。ちなみに，「山メタファ」の「複雑な役割遂行」として構想されている市民像のひとつ「問題発見者と解決者」とは，多様な見通しから原因を吟味しつつ，問題を予想・発見・分析・解決できる人間ということになる。

以上，OBEの発展形態に関するスパディの見解をみると，そのカリキュラム構想は明らかに既存の教科羅列型のカリキュラムから「価値的志向性」によって選択・構成された「成果」に焦点づけられた統合型のカリキュラムをめざそうとしていることが理解できよう。そして，まさにこの「変革的OBE」を州単位で採用しようとしたとき，次にみるように激しい論争が勃発したのである。

(2)「成果」をめぐる論争

① 1993年6月8日付の *School Board News* の一面トップには，OBEが全米の少なくとも7割の州で着目される中で，ペンシルベニア，オハイオ，アイオア，オクラホマにおいて，OBEに関する激しい論争が起きているこ

とを伝えている。とりわけ，このニュースで OBE に反対する集会の模様を写真掲載したペンシルベニア州の事態は，「ペンシルベニア抗争」とまで称されている（文献㉘）。

　この OBE に関する論争・抗争を仕掛けているのは，CEE（Citizens for Excellence in Education）ならびに強固な「根本主義者（fundamentalist）」を代表とするアメリカにおける保守的潮流である。マッカーシー（McCarthy, M.）によれば，この潮流は 1990 年代になって活発化し，多文化教育などの特定のカリキュラムを「反キリスト教，反アメリカ的」として攻撃の標的にしており，OBE 批判もその一環であると指摘している（文献㉗）。

　この OBE 批判の論点をシュラフリィのレポート（The Phyllis Schlafly Report, 1993, 26 (10)）などを参考に整理すると，その批判の最も鋭い矛先は，上述した「成果」の「価値的志向性」に向けられている。すなわち，各州が「成果」として採用した内容は，たとえば，「高次の思考力」や「自己評価能力」や「他者理解力」などのように測定不可能なあいまいなものであり，しかもその内実は「ホモセクシャリティ」「妊娠中絶」「世界市民」などへの「寛容」という価値的の内容を忍ばせていると指摘する。

　このような「成果」の内容では，従来の卒業要件・大学入学要件を構成していた「カーネギー単元（Carnegie-unit）」のようなアカデミックな教科内容や読書算のような「基礎学力」が軽視されるとともに，そこに浸透する価値的内容は，明らかに「根本主義」の教義に反し，自らの子弟が結果的に公立学校から排除されるのではないかという危機感を強めるのである。さらには，OBE は，優秀児の可能性を抑制して，「凡庸の習得」をめざしているにすぎないとして，「全言語方式（the whole language approach）」を採用するのも安上がりの労働者を作るのに好都合であるからだと非難するのである[2]。

　②もちろん，以上の批判のすべてが，OBE の本来の主張に対応しているのではない。たとえば，OBE は「ホモセクシャリティ」への態度や「全言

語方式」の採用を直接に指示してはいない（文献㉑）。しかしながら，スパディの「能力ある未来の市民」像の提唱，さらには「成果」の明示を強調するOBEにとって，たとえ政治的宗教的な意図を背景にもつ批判であっても，この「成果」の立場性を問われることは早晩避けられなかったと言えよう。敷衍すれば，「目標の共有化」を主張する前提に，共有するに価値ある目標とは何かという「共有の目標化」という問題に応えなくてはならなかったのである。

　この問題を読み深めるためのひとつの重要なテーマとして，OBEと「多文化主義（multiculturalism）」の関係が問われることになる。この点について，OBE支持という共通の土俵の上でウォーカー（Walker, M. H.）との理論的対話に臨んだヴィッカリー（Vickery, T. R.）が，生徒のコース選択の自由に関して，「素朴な多文化主義」を批判しているのは興味深い。すなわち，所与の社会において支配的文化と被支配的文化が存在するという事実でもって，生徒が生涯に遭遇するであろう人生選択上の「機会」を最大限保障するような文化的に意義ある共通の知識や技能を探究する責任を回避してはならないと強調する。

　このヴィッカリーの主張の背景には，最近の「多文化主義」が陥っている隘路（文献㉒）を批判・克服するという意図があると言えよう。その本来の「多文化主義」のねらいは，伝統的文化による同化主義を批判して，民族，社会階層，性別，年齢，地域などのあらゆる文化の平等を主張し，さらに各文化に対する受容と尊重の態度を育成しようとするものである。言わば伝統文化が圧倒的に支配する同化主義的社会において，自らの集団のアイデンティティを保持するためにとられた戦略であったが，現在ではその文化相対主義の基調である「相違への権利」をマジョリティの側が逆手にとることによって，集団間の相互隔離や相互排除が強まっている。CEEや「根本主義」の台頭も，この動向と深く連関しているのである。

　このような状況においては，あらためて「普遍主義（universalism）」の復

権，それも「多文化主義」の積極的な契機（異文化間の対話と相互尊重）を内包する「普遍主義」（民主主義に基づく人権と真理の尊重，法治の原則，文化的自由の尊重など）の復権がはかられなくてはならないだろう。逆に，このように鍛えられた「普遍主義」によってこそ，マイノリティとマジョリティの両方の文化的主張を批判と検討の場に立たせることが可能になるのである。OBE の「成果」も，以上の文脈において，「共有の目標化」と「目標の共有化」をめざさなくてはならないのである。

以上の点を確認して，「過渡的 OBE」「変革的 OBE」の課題について指摘するとすれば，まず高次の「成果」である「自己評価能力」や「批判的思考力」それ自体を評価方法の工夫（後述）と結合して目標分析する必要がある。また，このような作業は，高次の「成果」といわゆるアカデミックな教科内容や「基礎学力」との関係を問うことにもつながっている。この点に関しては，スパディ（文献㉜）とママリィ（文献㉖）は，後者はあくまでも前者のための「媒介（an enabling outcome, vehicle）」であるという見解を表明している。もちろん，このような論法がひとり歩きを始めると，教科内容や「基礎学力」それ自体の質的検討という視点が後退するのではないかという危惧を表明したうえで，統合型のカリキュラムの可能性を先述した OBE のカリキュラム規定に即して今後検討されなくてはならないだろう。

3．授業実践と評価方法の問題

OBE の成立には，初期の「マスタリー・ラーニング」実践に対する批判意識が強く働いていたと指摘した。そして，その克服のひとつの方略が，前節でみた「成果」の問い直しであった。しかし，「成果」の改善のみを強調するだけでは，子どもたちの学力構造を質的に転換させることはできない。

ところが，OBE を支持する人々は，往々にして，他の実践に対して「目標を定めずに発砲するやり方（the "Ready-Fire-Aim" approach）」であると

非難するあまりに,「目標ばかりを強調するやり方（the "Ready-Aim-Aim-Aim" approach)」に陥っていると指摘するのはガスキーである（文献⑰）。まさに「成果」は授業実践と評価方法のあり方と結合することによって実現されるのである。ここでは，その今日的にみて特徴的な主張を紹介し，若干の考察を加えたいと思う。

(1) マスタリー・ラーニングの機能的理解

ブルームが提唱したマスタリー・ラーニング論を継承・発展させようとしていた教え子たちが直面した課題のひとつは，その理論が「実験」場面から「実践」場面に適用されるに及んで，現場教師たちがいかにその理論を「受容」するのかというものであった。その点について，マスタリー・ラーニング論の第三世代を代表するバーンズ（Burns, R. B.）は，自らの実践経験に照らして，「理論」と「実践」の乖離を認め，その理由について次のように指摘している（文献⑪）。

マスタリー・ラーニングのような授業改造をめざす理論が教育現場に紹介されると，教育現場にはある種の「適応」作用が働くと言う。それは，一方ではその理論を自分たちの既存の実践スタイルに馴化させたり，他方では既存の実践スタイルをその理論の用語で再定義するのみで，結局のところ「理論」の換骨奪胎が行われるというものである。

その代表的な例としては，マスタリー・ラーニング論において学習単元ごとに実施されることを要請するフォーマルな「形成的評価」が，教室実践での日々刻々のインフォーマルな評価行為としてのみ理解されるという事態がある。もちろん，後者は前者に基礎的データを提供するが，しかし前者は後者に解消されるものではない。

「形成的評価」の前提は，「ひとまとまりの学力構造」を学習単元として分節化（さらには構造化・系統化）するとともに，その到達基準を明示することである。そして，「形成的評価」の実施後には，その基準に従って，回復

学習と発展学習が組織されることになる。しかし,「形成的評価」をインフォーマルな評価行為のみに解消する実践では,学習単元の分節化や回復・発展学習の組織化という学力保障論にとって本質的な契機であり,かつ困難な課題を事実上回避することになると批判するのである。

このバーンズの的確な指摘も,しかしながら,換骨奪胎を許す「理論」側の責任を看過している。この点については,アンダーソンが興味深い体験を紹介している(文献③)。1980年当時,アンダーソンが講演を終了して降壇したときに,ある高校の英語教師から抗議を受けることになる。その教師は,目標の明細化や多肢選択法テストの実施,基準の明示化やフィードバックと回復学習の実施などすべてに同意できないと反論した。しかしながら,その教師が主張する課題レポートを書かせる実践を分析してみると,最初に優れたレポートとは何かを明示し,レポート作成中には机間巡視を行い,基準に従ってレポートを評価し,改良されたレポートを最終的に提出させるというものであった。アンダーソンによれば,この実践こそまさにマスタリー・ラーニングそのものであった。

つまり,「理論」が「型(form)」として表面的に理解され,その本質的な「機能(function)」としては把握されていないことを実感したのである。そこで,アンダーソンはマスタリー・ラーニング論の機能的理解を提唱し,たとえば従来の「形成的テスト」とは「学習活動をモニターすること。その結果に基づいて教授のあり方を決定すること」と説明するようになる。その結果,本質的な「機能」さえ理解しておれば,「型」は多様に創出できるようになる(「機能的同質性(functional equivalence)」と呼称)。たとえば,「モニターの方法」としては,「発問」「机間巡視」「レポート点検」「クイズテスト」など多様に工夫されるのである。

以上のアンダーソンの体験は,角度を変えれば,講演での「理論」提示自体が,そのような弱点をもっていたことを意味する。そうであれば今度はバーンズが指摘した「理論」の換骨奪胎を進行させる余地を与えることにも

なるであろう。「理論」と「実践」の乖離状況は，両者の問題点を同時に指摘することなしには克服できないのである。

(2) 学習観の展開―「フロー経験」への着目―

　ブルームの教え子たちが直面したもうひとつの課題は，マスタリー・ラーニング論とプログラム学習論を峻別することであった。その重要な相違点は，前者が「習熟」論を提唱することによって学習の「深さ」を求めるのに対して，後者は細目標の「目標つぶし」に象徴される学習の「広さ」のみをもっぱら追求するものであると自覚されるようになる（文献　注(1)のg）。また，ガスキーは，マスタリー・ラーニング論とむしろ「協同学習」論の相互補完関係に着目して，「協同学習型マスタリー・ラーニング（cooperative mastery learning）」を提唱するに至っている（文献⑯）。

　これらの教え子たちの理論的展開は，マスタリー・ラーニング論とプログラム学習論それぞれを支えている学習観の根本的な相違に目を向けようとするものである[3]。この点について，マスタリー・ラーニング論の文字通りのオピニオン・リーダーであるブロックが，「学習活動をもっと遊びのようにすべきだ」と主張したことは，初期「マスタリー・ラーニング」論に混入していたプログラム学習論的学習観からの転換を鮮やかに示そうとしたものと言えよう。

　ブロックは，自らが「学校での遊び（school play）」研究に注目する理由を次のように率直に語っている。この間のマスタリー・ラーニング研究の蓄積に照らせば，実際にすべての子どもたちがすばらしく，速やかにそして自信をもって学習できるかどうかは，もはや主要な問題ではなくなった。今問われなくてはならないのは，彼らがそのことを欲しているかどうかという点であると（文献⑦）。事実，小学校高学年から中等学校に至る子どもたちは，学校の勉強は苦役以外の何者でもなく，「楽しさ（fun）」は授業の外で見いだしているという報告を援用する。

もちろん，断るまでもなく，ブロックが「学習」と「遊び」の区別を払拭せよと言っているのではない。その真意は，「学習」において，「遊び」の徴表である「楽しさ」を子どもたちが感じているときには，それはその行為の「自己決定権（self determination）」を行使して，有能感に満ちて活動しているのであって，その点にこそ着目せよと主張しているのである。

　さらに，この「遊び」の本質について，ブロックは，チクセントミハイ（Csikszentmihalyi, M.）の「フロー（flow）経験」に学ぼうとする（文献⑥）。「フロー経験」とは，ある行為に全面的に没入しているときに感じる包括的な感覚であり，自己目的的な経験である。この「フロー経験」には「挑戦」「調整」「フィードバック」という三つの局面があり，ある課題からの「挑戦」を受けて，自己の能力との「調整」をはかりつつ，「フィードバッグ」によって「フロー」を創り出していくのである（今村浩明訳『楽しむということ』思索社，1991年参照）。

　ブロックによれば，この「フロー経験」とマスタリー・ラーニング論とは，じつは同質であると指摘する。すなわち，「フロー経験」の三つの局面は，目標の明確化，目標の系統化と回復・発展学習，そして形成的評価に対応していると分析する。このようなブロックの主張は，マスタリー・ラーニング論それ自体の優位性を強調するためではなく，マスタリー・ラーニングを構成している諸要素が「フロー経験」を創出するように機能すべきこと，とりわけ学習の自己決定者として子どもたちを立ち上がらせるように機能すべきことを期待したものと考えてよい。

　以上の提起は，ブロックも認めるように，試論的性格の強いものである。しかし，ここには明らかに「成果」の発展形態に対応する学習観のラディカルな展開が読み取れよう。ブロックたちが最近の認知心理学の発達に共鳴して，そこで解明されようとする「認知構造」とマスタリー・ラーニング論の結合を模索している点（文献⑤）も，このことと関連しているのである。

(3) 評価方法の開発

　OBE において,「成果」についての発展的な理解がなされるようになると,当然にそれを対象とする評価方法の工夫が要請されてくる。否,より正確に言えば,「成果」(目標)と「評価」方法の開発は,相即不離な関係にあるとみるのが,タイラー以来の OBE の基本的な立場であった。かつて,「8 年研究」の指導的な論文(「教育評価―進歩主義教育への挑戦―」1935 年)において,評価方法の開発は単なる技術的な問題ではなく,進歩主義教育の持続的な改良にとって本質的な営為であるとタイラーは結んだのである(文献㉔)。

　今日の OBE では,「意義ある成果」に対応する評価のあり方として,それらは「パフォーマンスを基礎にした評価 (performance-based assessment)」「真なる評価 (authentic assessment)」「多面的な評価 (multidimensional assessment)」と呼称されている。この評価方法の特徴について,クリーク (Kulieke, M. J.) は,「目標のレベル」と「評価目的の種類」からわかりやすい説明を加えている(文献㉓)。

　「目標のレベル」とは,「最終目標 (exit outcome)」―「プログラム目標」―「コース目標」―「単元目標」―「授業目標」それぞれのレベルのことであって,たとえば「プログラム目標」のレベルでは「作文例を含むポートフォリオ(後述)を先生と生徒が批評する」という評価方法が提起されるのに対して,「授業目標」のレベルでは「多肢選択法」も使用される。また,「評価目的の種類」としての「形成的評価」と「総括的評価」では,基本的には前者が「単元目標」「授業目標」レベルを対象として,後者は「コース目標」レベル以上を対象とする評価方法を採用することになる。このように,「パフォーマンスを基礎にした評価」と全体的に呼称されていても,その内部構造は評価対象や評価目的に応じて,きわめて柔軟に構想されていることが理解できる。

　そのうえで,「パフォーマンスを基礎にした評価」の特徴を顕著に表し

ている評価方法として，クリークは次の四つの方法を提起している。「ポートフォリオ法——生徒のさまざまな経験や達成状況を記録した多様な情報を蒐集してファイルしておくこと」「プロフィール法——教師や生徒または親たちが評価の結果を記述する表」「パーフォーマンスを演示する方法」「プロジェクト法」である。

これらの方法の特徴は，生徒たちの達成状況を多面的にみようとしていること。そのために教師のみならず生徒や親の評価行為への参加を促していること。そして何よりも評価行為をその生徒たちの主体的で能動的な学習活動に内在化させようとしていることと整理できよう。クリークは，これらの方法が，量的な「客観性」ではなく，質的な「主観性」を重視していること，それゆえに教師の専門性が強く求められると指摘している。ガスキーも，このような評価方法を駆使できるためには，とりわけ教師の養成や研修が必須の条件であると述べている（文献⑲）。

おわりに

OBEをめぐる教育情勢，そこで直面している課題とそれに対するOBEの理論的・実践的な対応について，紹介と考察を行ってきた。それは簡潔に言えば，「学力の質的検討」と「学習の主体性」をめざす学力保障論の新たな展開と特徴づけられるであろう。今後は，この小論で紹介したさまざまな可能性を秘めた仮説的提案をさらにトレースするとともに，OBE先進校での実践事例を直接に入手し，その具体的な展開について吟味していきたいと思う。

注
(1) この小論は，わが国におけるマスタリー・ラーニング論の本格的な研究成果である稲葉宏雄『学力問題と到達度評価』(上・下) あゆみ出版，1984年に学びつつ，進めてきたこの間の研究活動（以下列挙）をふまえて，執筆したものである。a)「教育目標とカリキュラム構成の課題―ブルームとアイスナーの所説を中心にして―」『京都大学教育学部紀要』第28号，1982年。b)「教育目標論の展開―タイラーからブルームへ―」『京都大学教育学部紀要』第29号，1983年。c)「ブルーム・タクソノミーの成立」B.S. ブルーム著，稲葉宏雄ほか監訳『すべての子どもにたしかな学力を』明治図書，1986年所収。d)「マスタリー・ラーニング研究の現段階―T.R. ガスキーの所説の分析―」『大阪経大論集』第175号，1987年。e)「測定・評価論―アメリカの教育測定運動の特徴～ターマンの足跡を中心にして～」長尾十三二編『新教育運動の歴史的考察』明治図書，1988年。f)「マスタリー・ラーニング研究の到達点と課題―ブロックの近刊書（1989年）を読む―」兵庫教育大学教育方法講座紀要『授業の探究』創刊号，1990年。g)「マスタリー・ラーニングにもとづくカリキュラムと授業の構想―回顧と展望―」杉浦美朗編著『教育方法の諸相』日本教育研究センター，1993年。
(2) この小論では，カリキュラム研究における「平等性と卓越性」の課題，さらには「平等」の達成に批判的な「再生産論」の吟味は割愛した。拙稿「教育の内容と方法」杉浦美朗編著『教育学』八千代出版，1994年を参照されたい。
(3) このような努力にもかかわらず，アメリカで使用される主要な教育心理学の教科書には，マスタリー・ラーニング論とプログラム学習論の区別は明記されていないと報告されている（文献⑱）。

引用・参考文献

① Anderson, L. W. (1981). A functional analysis of mastery learning. *OUTCOMES*, 1 (2).
② Anderson, L. W. (1993). Can any American school provide equality? *OUTCOMES*, 12 (1).
③ Anderson, L. W. (1993). A functional analysis of Bloom's Learning for Mastery. *OUTCOMES*, 12 (2).
④ Anderson, L. W. (1994). Research on teaching and teacher education. In Anderson, L. W., & Sosniak, L. A. (Eds.), *Bloom's Taxonomy: a forty-year retrospective.* NSSE 93 Yearbook: The Uni of Chicago Press.
⑤ Arredondo, D. E., & Block, J. H. (1990). Recongnizing the Connections between thinking skills and mastery learning. *Educational Leadership*, 47 (5).
⑥ Block, J. H. (1985). Making school learning activities more playlike. In Levine, D. U. (Ed.), *Improving Student Achivement through Mastery Learning Programs.* San Francisco: Jossey-Bass.
⑦ Block, J. H. (1987). School play: a review. In Block, J. H., & King, N. R. (Eds.), *School Play.* New York: Garland Pub, Inc.
⑧ Block, J. H., Efthim, H. E., & Burns, R. B. (1989). *Building Effective Mastery Learning Schools.* New York: Longman.
⑨ Bloom, B. S. (1976). *Human characteristics and school learning.* New York: McGraw-Hill.
⑩ Burns, R. (1987). *Models of Instructional Organization: A Casebook on Mastery Learning and Outcome-Based Education.* Far West Laboratory for Educational Research and Development.
⑪ Burns, R. (1993). Practitioners' interpretations of Bloom's "Learning for Mastery". *OUTCOMES*, 12 (4).
⑫ Burron, A. (1994). Traditionalist cristians and OBE: what's the problem? *Educational Leadership*, 51 (6).
⑬ Danielson, C. (1989). *Introducing Outcome-Based Education.* (second ed.) Outcomes Associates.
⑭ Danielson, C. (1989). *The Outcome-Based Curriculum.* (second ed.) Outcomes Associates.
⑮ Guskey, T. R. (1985). *Implementing Mastery Learning.* Belmont, CA: Wadsworth.
⑯ Guskey, T. R. (1990). Cooperative Mastery Learning Strategies. *OUTCOMES*, 9 (3).
⑰ Guskey, T. R. (1993). Outcomes interview: Tom Guskey. *OUTCOMES*, 12 (1).
⑱ Guskey, T. R. (1994). Bloom's "Learning for Mastery" revisited: modern perspectives and misinterpretations. *OUTCOMES*, 13 (1).
⑲ Guskey, T. R. (1994). What you assess may not be what you get. *Educational Lead-*

ership, 51 (6).
⑳ Guskey, T. R. (1994). Responding to the critics of outcome-based education. *OUTCOMES*, 13 (2).
㉑ Hazelip, K. (1993). Responding to religious opposition to OBE. *OUTCOMES*, 12 (3).
㉒梶田孝道（1993）『統合と分裂のヨーロッパ』岩波新書。
㉓ Kulieke, M. J. (1990-91). Assessing outcomes of significance. *OUTCOMES*, 9 (4).
㉔ Madaus, G. F., & Stufflebeam, D. (Eds.) (1989). *Educational Evaluation: Classic Works of Ralph W. Tyler*. Boston: Kluwer Academic Pub.
㉕ Mamary, A. (1994). Johnson city: another retrospective. *OUTCOMES*, 13 (1).
㉖ Mamary, A. (1994). On creating an environment where all students learn: a conversation with Al Mamary. *Educational Leadership*, 51 (6).
㉗ McCarthy, M. (1993).「公立学校のカリキュラムへの攻撃―新たな標的と戦法―」『学習評価研究』No. 16。
㉘ Pliska, A., & McQuaide, J. (1994). Pennsylvania's battle for student learning outcomes. *Educational Leadership*, 51 (6).
㉙ Spady, W. G. (1982). Outcome-based instructionl management: a sociological perspective. *The Australian Journal of Education*, 26 (2).
㉚ Spady, W. G. (1990-91). Shifting the grading paradigm that pervades education. *OUTCOMES*, 9 (4).
㉛ Spady, W. G., & Marshall. (1991). Beyond traditional outcome-based education. *Educational Leadership*, 49 (2).
㉜ Spady, W. G. (1992-93). On outcome-based education: a conversation with Bill Spady. *Educational Leadership*, 50 (4).
㉝ Spady, W. G. (1994). Choosing outcomes of significance. *Educational Leadership*, 51 (6).
㉞ Tyler, R. W. (1949), *Basic Principles of Curriculum and Instruction*. Chicago: The Uni of Chicago Pre.
㉟ Vickery, T. R. (1990). ODDM: a workable model for total school improvement. *Educational Leadership*, 47 (7).
㊱ Vickery, T. R. (1993). On equality, curriculum, and choice. *OUTCOMES*, 12 (1).
㊲ Walker, M. (1993). Can traditional American schools provide equality? *OUTCOMES*, 12 (1).
㊳ Walker, M. (1993). A Response to Anderson and Vickery. *OUTCOMES*, 12 (1).
㊴ Zitterkopf, R. (1994). A Fundamentalist's defense of OBE. *Educational Leadership*, 51 (6).

初出文献：稲葉宏雄編著『教育方法学の再構築』あゆみ出版，1995 年，pp. 71-92。

第3章 オーセンティックアセスメントとはどのような評価方法か

はじめに

　アメリカの教育評価の歴史において,「オーセンティックアセスメント(authentic assessment)」なる言葉が登場するのは,1980年代の後半からである。この小論ではそのオピニオン・リーダーであるウィギンズ(Wiggins, G.)たちの所説を参考にしながら,「オーセンティックアセスメント」の意義や役割について,次のような構成で明らかにしていきたいと思う。
　1.「標準テスト」批判の論点
　2.「オーセンティック」の検討
　3.「アセスメント」としての評価
　なお,「オーセンティック」の日本語訳としては,「本物の」よりも「真正の」がよいであろう。なぜなら,「本物の」としてしまうと,だれも異議申し立てのできない表現で立場性を隠蔽してしまう悪しき「教育言説」に陥る危険があり,それよりも「真正の」のようにやや大仰な表現で訳出するほうが,その立場性を固定することができるからである。この小論では,本誌の特集名を配慮して,「オーセンティック」とそのままで使用することにする。

1.「標準テスト」批判の論点

(1)「標準テスト」への批判

　先に指摘した「オーセンティック」なる言葉が登場してくる1980年代後

半のアメリカの教育界はどのような状況だったのだろうか。この時期は，学力向上を強調した有名なレポート「危機に立つ国家（Nation at Risk）」（1983年）を契機として，各学区，学校での教育成果を点検し，「説明責任（accountability）」の要請にも応えるものとして，とりわけ州政府による上からの「標準テスト（standardized testing）」が多用されはじめた時にあたる。このような動向に対して，そのトップダウン式の実施方法ともあいまって，はたして「標準テスト」で学校の教育成果を評価できるのか，いったい「標準テスト」は何を評価しているのかという疑問や批判が提起されるようになる。

一般に「標準テスト」では「テストのためのテスト」といわれるような，かなり作為的な問題を子どもたちに課す場合が多い。しかも，「テスト場面」は日常の授業場面とは断絶した，ある種の儀式化された様相を示すことになる。そのために，このような「標準テスト」では，子どもたちの本当の学力を評価することはできないのではないか。逆に，このような「標準テスト」で良い成績をおさめたとしても，それは学校の中でしか通用しない特殊な能力を評価したにすぎず，生きて働く学力を形成したという保証にはならないではないかという疑問や批判が生じてきた。

まさしく「オーセンティックアセスメント」とは，このような「標準テスト」批判を背景に登場してきたのである。

（2）「標準テスト」批判の系譜

ところで，ここで興味深くかつ注視しておきたい点は，上記の「標準テスト」批判では共通していても，「標準テストのどこに問題があるのか」という点になると二つの異なる系譜を析出できることである。そして，この二つの系譜を自覚しておくことは「オーセンティックアセスメント」の意味内容を確定する時に重要となる。

そのひとつの系譜は，「標準テスト」批判を「テスト」という形態そのも

ののもつ問題性として把握する立場である。たとえば、ベルラック（Berlak, H.）は、「テスト」に共通するものは量的記述であるとして、それを「精神測定的パラダイム（psychometric paradigm）」と一括し、それに対して「文脈的パラダイム（contextual paradigm）」を対峙している。また、ベルラックは「精神測定的パラダイム」には「意味の普遍性（universality of meaning）」が固着しているとも指摘し、「文脈的パラダイム」は多元的、多文化的な意味を強調するものであると主張している[1]。

たしかに、このようなベルラックの論調には、「テスト」に埋め込まれた「意味の普遍性」を対象化し、吟味する問いかけが含まれていることに着目しておきたい。「意味の普遍性」のもとに、それが「自明性」「正当性」を装った抑圧装置に転化する場合が多いからである。しかし、ウィギンズたちも指摘するように、「テスト」という評価方法に限界があるとしてもそれを全面的に否定することは正しくないだろう。なぜなら、「標準テスト」批判を「テスト」一般への批判に拡大することで、「標準テスト」が「集団準拠型」であるという問題点を見過ごすとともに、そのような「テスト」の全否定は、行き着くところ「意味の普遍性」の批判的な再構築を断念し、きわめて主情主義的な評価論を結果することになりかねないからである。

これに対して、ウィギンズは共通の学力水準を明示するために「標準（standard）の設定」を行うことと、いわゆる「標準テスト」を支える「標準化（standardization）」の操作を区別すべしと説く。従来は「標準化」が「標準の設定」を独占していた。しかし、「標準化」とは集団における平均点や標準偏差によって評価基準（ノルム）を設定しようとするものであって、そこで採用される「ベル・カーブ（正規分布曲線）」には「できる子どもとできない子ども」の存在を宿命視する考え方が前提とされている。このような「相対評価」に教師たちが馴化してしまうと、共通の学力水準を明らかにする本来の「標準の設定」行為によって評価基準（クライテリオン）を確定するという、困難ではあるが実り多い仕事から教師たちは逃走してしまうと憂

慮する[2]。

　このウィギンズの論法は,「テスト」には「ノルム準拠テスト」と「クライテリオン準拠テスト」の二つがあることを指摘することによって,自らが主張する「オーセンティックアセスメント」が「クライテリオン準拠テスト」の発展上に位置づくものであることを示そうとしている。その場合,「発展上」とはひとつには「テスト」という評価方法の制約を自覚して,新たな評価方法の開発を志向することと,それ以上に「意味の普遍性（クライテリオン）」を抑圧装置に転化させない評価論のあり方を構築することであった。「ポートフォリオ評価法」を典型とする「オーセンティックアセスメント」とは,このような問題意識を背景として提起されたのである。

2.「オーセンティック」の検討

(1)「オーセンティック」の意味

　評価の文脈で「オーセンティック」という概念を使用しはじめたウィギンズは,「（オーセンティックアセスメントとは）大人が仕事場や市民生活,個人的な生活の場で試されている,その文脈を模写すること」と規定する[3]。また,シャクリーたちも「オーセンティックアセスメント」を「リアルな課題」に取り組ませるプロセスの中で子どもたちを評価することであると述べている[4]。

　このように教育評価において,「実社会」「生活」「リアルな課題」が強調されるのは,明らかに先に指摘した「標準テスト」の作為性や儀式化の様相に対する批判が込められている。まさに「オーセンティック」な課題に取り組ませることによってこそ,子どもたちの中に生きて働く学力が形成されるとともに,その学力の様相を評価しなくてはならないと考えられたのである。ここでは,授業と評価は断絶した局面としてではなく,文字通り表裏一体,または連続した関係にあるものとして理解されている。

ところで，評価課題は子どもたちの生活文脈（コンテキスト）に即したリアルさをもつ必要があると言われる場合，たとえば次のような例が想起されよう。算数で「太郎さんはアメを3個もっています。おかあさんから何個かアメをもらいました。今，太郎さんはアメを5個もっています。太郎さんはおかあさんからアメを何個もらったのでしょう」という問題を出すと，小学校低学年の子どもたちは「ヘンな問題」と考える。なぜなら，「アメをくれたおかあさんが何個アメをくれたのかわからないのはおかしい」と思うからである。そこで，おかあさんは，「袋に入れてアメをくれた」という条件を加えると，この問題の正答率が飛躍的に伸びたと報告されている[5]。この例などは評価問題にリアルさを加味したわかりやすいものだろう。

　しかしながら，「オーセンティックアセスメント」が想定する「リアルさ」は，子どもたちの生活文脈に即するという意味を含みながら，なおそれ以上の提起となっている。このことは，ウィギンズの次のような主張からも理解できる。すなわち，評価における「オーセンティックさ（authenticity）」とは，すでにブルーム（Bloom, B.）が「教育目標の分類学（タクソノミー）」で「応用（application）」や「総合（synthesis）」のレベルとして記述した内容に相当すると論じる。周知のように，「教育目標の分類学」においては「応用」や「総合」は高次の目標であって，たとえば「総合課題（synthesis problem）」とは授業では扱わなかった新しい問題に対して「教科書・参考書持ち込み試験（open-book examination）」の要領でさまざまな資料を使ってチャレンジしていくものとされている[6]。

　このウィギンズの主張は，評価における「オーセンティックさ」とはむしろ評価問題の子どもたちにとっての「困難さ」を指摘するものである。たしかに実生活を映し出す問題は子どもたちにとっても「親密さ」があり，チャレンジしようとする意欲を喚起する。しかしながら，それを解くためには総合的な深い理解力が要求される。この「オーセンティックさ」に込められたアンビヴァレントな側面—「親密さ」と「困難さ」—に自覚的であること

が,「オーセンティックアセスメント」の本質を見誤らないために肝要となる。

(2)「オーセンティック」の留意点

この点について, カミングとマクスウェル (Cumming, J. J. と Maxwell, G. S.) の見解は注目すべき内容を含んでいる[7]。彼らはウィギンズが例示した「ある歴史教科書の採択をめぐる親の訴訟」を「裁判」というシミュレーションで展開する授業を分析して, 次のように指摘している。この授業での生徒の関心は, その授業のねらいである「歴史的な討論を通じて検閲制度を理解する」ことではなく, たんに「法廷討論(の手続き)」に傾斜していると指摘している。つまり,「オーセンティックさ」の一面的な強調がなされると, ある種の活動主義になることを警告する発言である。さらには, カミングとマクスウェルたちは教科内容の組み替えなしに「オーセンティックさ」をカムフラージュに使うことも戒めている。

あまり良いメタファではないが, まぶされた甘味料に惑わされて素材のうま味を十分に味わうことを怠ったり, 素材のまずさを甘味料でごまかしてはならないということであろう。もとより, ウィギンズは既述したように「オーセンティックさ」をたんなる甘味料にしてはならないことに十分に自覚的ではあるが, その表面的な理解が実践においては甘味料になってしまうという警告は傾聴に値しよう。そして, このような「オーセンティックさ」をめぐる議論は, 現在のわが国で展開されている「総合的な学習の時間」の成否を考えるうえでも参考になるだろう。

3.「アセスメント」としての評価

(1)「エバリュエーション」と「アセスメント」

アメリカの教育評価に関する本に目を通していて驚いたことがある。それ

は，初版（1980年代中頃）には教育評価という用語が「エバリュエーション（evaluation）」と表現されていたのに，再版（1990年代中頃）では見事なまでに「アセスメント（assessment）」に書きかえられていたからである。評価課題を「オーセンティック」なものに転換させようとする教育評価論の動静が，明らかに教育評価という用語を変化させるまでに至ったことを示している。

　周知のように，「エバリュエーション」という概念は，1930年代前半にタイラー（Tyler, R. W.）によって提唱されたものである[8]。そこでは，「エバリュエーション」の目的は，「メジャメント（measurement）」概念との相克の歴史を反映して，教育上の改善点を指摘し，価値ある成果を生むためのプログラムを決定することであるとしたうえで，教育的発達にとって重要なさまざまな側面（社会責任の習慣の発達，芸術作品の審美眼など）を評価する方法の開発を提起している。この教育評価とは教育活動を改善するために行うという点では，「アセスメント」も同じ立場にたっている。

　しかしながら，その後の歴史的な展開は，「メジャメント」運動から生まれた「(標準)(集団)(客観)(アチーブメント)(多肢選択)テスト」が教育実践に浸透し，既述したようにとりわけ「危機に立つ国家」（1983年）以降は，「ナショナル・カリキュラム」との対応で，連邦ならびに州政府による上からの「テスト」による点検という形でその使用頻度が増幅されてくる。このような中で，「エバリュエーション」と「メジャメント」の概念上の混乱，混同が生じるようになったとしても不思議ではない。「アセスメント」は，「エバリュエーション」がもっていた積極的な契機を継承しつつ，「オーセンティック」と結合して，教育評価論の新たなステージを意味するものとして使われはじめたのである。

（2）「アセスメント」の特徴

　教育評価論の新たなステージに立つ「アセスメント」の特徴は「参加と共

同」と「表現（パーフォーマンス）」と「自己評価」と整理することができよう。そして，これらの特徴は「ポートフォリオ評価法」に典型的に体現されている。

評価における「参加と共同」とは，評価活動に関係する人たち（stakeholder）が評価行為に参入する権利があることをいう。とりわけ子どもたちが評価行為に参加することによって，教師と子どもたちが「クライテリオン」を共同して創り上げていくことが大切となる。「ポートフォリオ評価法」で重視される「検討会（カンファレンス）」とは，評価場面への参加と共同を保証するための時空間として設定されている。

次に，「表現」の重視とはたんに「テスト」という様式に応答するだけではなく，「オーセンティック」な課題に挑むことによって，それこそ五感で「表現」される学びの様相を把握することをいう。「ポートフォリオ評価法」が，学びのプロセスで生み出されるさまざまな「作品」を蓄積し，自らの学びの成果を「表現」する様式を子どもたちに選択させることは，その具体化である。

最後に「自己評価」とは，「オーセンティック」な課題を探究する，その学びを自己調整するためにもっとも必要とされているものである。「ポートフォリオ評価法」において，日常的に蓄積される「ワーキング・ポートフォリオ」から保存や発表用のための「パーマネント・ポートフォリオ」を子どもたちに自覚的に選択させる場面は，「自己評価」を促し，「メタ認知能力」を形成する重要な場面となる。

以上，教育評価論の新たな地平を切り拓きつつある「オーセンティックアセスメント」の意義並びに留意点を述べてきた。今や評価の改善に踏み込まない教育改革は無力であるとの認識が広がりつつある。「オーセンティックアセスメント」は，まさに教育改革の駆動力になろうとしている。

引用・参考文献

(1) Berlak, H. (et al.), *Toward a New Science of Educational Testing and Assessment*, (State University of New York Press), 1992.
(2) Wiggins, G., "A True Test: Toward More Authentic and Equitable Assessment", *Phi Delta Kappan*, May, 1989.
(3) Wiggins, G., *Educative Assessment,* (Jossey-Bass Pub), 1998, p. 24.
(4) Shaklee, B. D., Barbour, N. B., Ambrose, R., & Hansford, S. J., *Designing and Using Portfolios,* (Allyn and Bacon), 1997, p. 6. なお、本書は田中耕治監訳『ポートフォリオをデザインする』ミネルヴァ書房、2001年として刊行。
(5) 波多野誼余夫・稲垣佳世子『知力と学力』岩波新書、1984年。
(6) Wiggins, G., 1998, *op. cit*, pp. 24-25.
(7) Cumming, J. J., & Maxwell, G. S., "Contextualising Authentic Assessment", *Assessment in Education*, Vol. 6, No2, 1999.
(8) Tyler, R. W., "Evaluation: a Challenge to Progressive Education", in *Constructing Achivement Tests*, (The Ohio State Uni), 1934.

初出文献:『理科の教育』No. 593、2001年12月、pp. 4-7。

主な著作一覧

I 著書(単著)
1. 『学力評価論入門』法政出版, 1996年。
2. 『学力評価論の新たな地平』三学出版, 1999年。
3. 『指導要録の改訂と学力問題』三学出版, 2002年。
4. 『学力と評価の"今"を読みとく―学力保障のための評価論入門―』日本標準, 2004年。
5. 『教育評価』岩波書店, 2008年。
    → 田中耕治著, 高峡・田輝・項純訳『教育評価』北京師範大学出版, 2011年として中国にて翻訳・出版。
6. 『新しい「評価のあり方」を拓く―「目標に準拠した評価」のこれまでとこれから―』日本標準, 2010年。
    → 鄭谷心訳『学習評価的挑戦』華東師範大学出版社, 2015年として中国にて翻訳・出版。
7. 『教育評価と教育実践の課題―「評価の時代」を拓く―』三学出版, 2013年。

II 著書(編著)
1. 稲葉宏雄・田中耕治編著『教育目標・教育実践と教育評価』日本標準, 1984年。
2. 鈴木敏昭・田中耕治編著『社会のめあてを生かす授業と評価』日本標準, 1984年。
3. 鈴木敏昭・田中耕治編著『社会科のつまずきを生かした授業』日本標準, 1989年。
4. 田中耕治編著『「総合学習」の可能性を問う―奈良女子大学文学部附属小学校の「しごと」実践に学ぶ―』ミネルヴァ書房, 1999年。
5. 片上宗二・田中耕治編著『学びの創造と学校の再生―教科の指導と学習の指導―』ミネルヴァ書房, 2002年。
6. 田中耕治編著『新しい教育評価の理論と方法』第Ⅰ・Ⅱ巻, 日本標準, 2002年。
7. 田中耕治編著『教育評価の未来を拓く―目標に準拠した評価の現状・課題・展望―』ミネルヴァ書房, 2003年。
8. 田中耕治編著『保護者の信頼を得る通知表所見の書き方&文例集』小学校低/中/高学年, 日本標準, 2004年(改訂版2011年)。
9. 田中耕治ほか監修・京都市立高倉小学校研究同人編著『「確かな学力」と「豊かな心」を育てる学校―学校・家庭・地域・大学の連携―』三学出版, 2005年。
10. 田中耕治編著『時代を拓いた教師たち―戦後教育実践からのメッセージ―』日本標準, 2005年。
11. 田中耕治編著『よくわかる教育評価』ミネルヴァ書房, 2005年(第2版 2010年)。
12. 田中耕治編著『カリキュラムをつくる教師の力量形成』教育開発研究所, 2006年。
13. 田中耕治編著『よくわかる授業論』ミネルヴァ書房, 2007年。
14. 田中耕治編著『人物で綴る戦後教育評価の歴史』三学出版, 2007年。
15. 田中耕治・井ノ口淳三編著『学力を育てる教育学』八千代出版, 2008年。
16. 田中耕治・西岡加名恵編著『「学力向上」実践レポート』教育開発研究所, 2008年。

17. 田中耕治編著『新しい学力テストを読み解く―PISA/TIMSS/全国学力・学習状況調査／教育課程実施状況調査の分析とその課題―』日本標準，2008年。
18. 田中耕治編著『よくわかる教育課程』ミネルヴァ書房，2009年。
19. 田慧生・田中耕治主編『21世紀的日本教育改革―中日学者的視点―』教育科学出版社，2009年。
20. 田中耕治編著『西條昭男・金森俊朗・竹沢清　実践を語る―子どもの心に寄りそう教育実践―』日本標準，2010年。
21. 田中耕治編著『時代を拓いた教師たちⅡ―実践から教育を問い直す―』，日本標準，2009年。
22. 田中耕治編著『小学校新指導要録改訂のポイント』日本標準，2010年。
23. 田中耕治編著『パフォーマンス評価―思考力・判断力・表現力を育む授業づくり―』ぎょうせい，2011年。
24. 西岡加名恵・石井英真・田中耕治編著『新しい教育評価入門』有斐閣，2015年。
25. 田中耕治編著『グローバル化時代の教育評価改革』日本標準，2016年。
26. 田中耕治編著『戦後日本教育方法論史』上・下，ミネルヴァ書房，2017年。
27. 田中耕治編著『教育方法と授業の計画』教職教養講座（監修）第5巻，協同出版，2017年。

Ⅲ　著書（共著，共編）
1．田中耕治・西岡加名恵『総合学習とポートフォリオ評価法』日本標準，1999年。
2．田中耕治・水原克敏・三石初雄・西岡加名恵『新しい時代の教育課程』有斐閣，2005年（第3版 2011年）。
3．田中耕治・森脇健夫・徳岡慶一『授業づくりと学びの創造』学文社，2011年。
4．田中耕治・鶴田清司・橋本美保・藤村宣之『新しい時代の教育方法』有斐閣，2012年。
5．Koji Tanaka, Kanae Nishioka and Terumasa Ishii, *Curriculum, Instruction and Assessment in Japan―Beyond lesson study*. Routledge, 2016(2017).

Ⅳ　翻訳書
1．B. S. ブルーム著，稲葉宏雄ほか監訳『すべての子どもにたしかな学力を』明治図書，1986年。
2．B. D. シャクリーほか著，田中耕治監訳『ポートフォリオをデザインする』ミネルヴァ書房，2001年。
3．ダイアン・ハート著，田中耕治監訳『パフォーマンス評価入門―「真正の評価」論からの提案―』ミネルヴァ書房，2012年。

●著者紹介

田中耕治（たなか　こうじ）

1952年生まれ。京都大学大学院教育学研究科博士課程修了。現在、佛教大学教育学部教授、京都大学名誉教授。専門は教育方法学・教育評価論。

主な著書に、『学力評価論の新たな地平』（1999年）、『指導要録の改訂と学力問題』（2002年）、『人物で綴る戦後教育評価の歴史』（編著、2007年）〈以上、三学出版〉、B.D.シャクリー『ポートフォリオをデザインする』（監訳、2001年）、『教育評価の未来を拓く』（編著、2003年）、『よくわかる教育評価』（編著、2005年）、ダイアン・ハート『パフォーマンス評価入門』（監訳、2012年）、『戦後日本教育方法論史』上・下（編著、2017年）〈以上、ミネルヴァ書房〉、『新しい教育評価の理論と方法』Ⅰ・Ⅱ（編著、2002年）、『学力と評価の"今"を読みとく』（2004年）、『時代を拓いた教師たち』Ⅰ・Ⅱ（編著、2005年、2009年）、『新しい評価のあり方を拓く』（2010年）、『グローバル化時代の教育評価改革』（編著、2016年）〈以上、日本標準〉、『教育評価』（2008年、岩波書店）など。

教育評価研究の回顧と展望

2017年7月30日　第1刷発行

著　者　田中耕治
発行者　伊藤　潔
発行所　株式会社 日本標準
　　　　〒167-0052　東京都杉並区南荻窪3-31-18
　　　　Tel 03-3334-2630［編集］03-3334-2620［営業］
　　　　ホームページ　http://www.nipponhyojun.co.jp/
印刷・製本　株式会社 リーブルテック

©Koji Tanaka 2017
ISBN 978-4-8208-0623-3
Printed in Japan

＊乱丁・落丁の場合はお取り替えいたします。
＊定価はカバーに表示してあります。